JN438344

그리운 사람들…

| 공 정 식 시집 |

그리운 사람들…

도서출판 천우

● 시인의 말

그리운 사람들…

인간의 한평생이
짧다면 짧고 길다면 긴 인생
벌써 종심소욕 불유구(從心所慾不踰矩)가 되었습니다.

시대적 고난(苦難)의 격동기(激動期)에
살면서 틈틈이 꾸준히 글공부해서
움막생활 40년 묵묵히
'그리운 사람들' 가슴으로 새겨 왔습니다.

인생은 보물(寶物)찾기보다
어렵고 고통(苦痛)의 나날들…
어느 뉘가 찾아주는 것도 아니며
스스로 찾아야 하는 처절한 아픔이었습니다.

그리운 사람들!
나의 정신적(精神的) 지주(支柱)요
미래(未來)의 넓은 시야(視野) 주며
하고 싶은 말과 따스한 마음이며
활자화 된 그리움이 아니고

가슴으로 간직한 그리움으로
땀과 뜻으로 쌓인 은혜로움뿐입니다.

한때는 서러운 불면(不眠)의 밤을 지새웠고
한때는 호소라도 하고 싶은
간절한 마음의 표현(表現)이었습니다.

저의 소중한 사람들
인간적 애수(哀愁)의 상흔(傷痕)을
한 편의 시(詩)로 마음에 담았습니다.

살아온 원(願)과 한(恨)이 많기 때문
글을 통해 그리움으로
다정(多情)을 더더욱 영원토록 갖고 싶습니다.

2017년 10월 가을날 움막에서

공 정 식

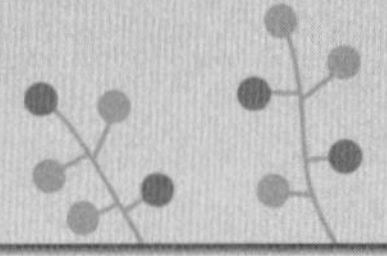

그리운 사람들…

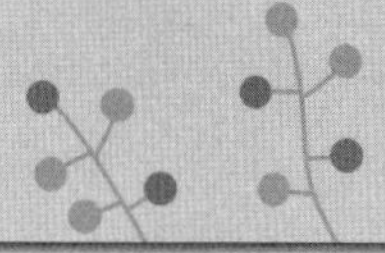

그리운 사람들…

그리운 사람들…

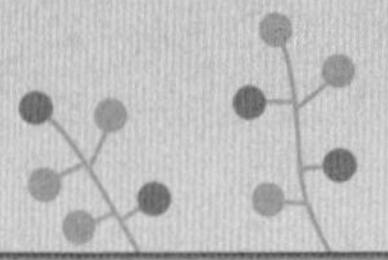

그리운 사람들…

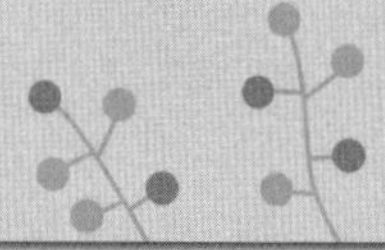

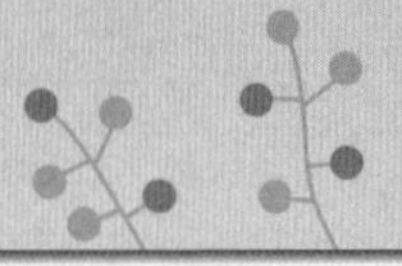

그리운 사람들…

그리운 사람들…

그리운 사람들 1
— 고하(古河) 詩人께

슬피 우는 이름 모를 산새
떨어지는 낙엽
덧칠한 루주빛 잎새 문드러지며 떨며
울고 있는 움막

쪼그리고 내뻗은 고요와 침묵
조용히 숨 쉬는 시상(詩想)을 탐미(耽美)하는
고하(古河)의 시어(詩語)에 어우러져
이제는 시(詩) 살결이 통통하게 고여서 소리 내는
고뇌의 외로움이 그윽한 맛과 은은한 향기
솜털보다 보드란 속삭임였구나.

고하(古河) 시인(詩人) 흰구름 어린 청자빛 같은
하염없이 긴 세월에 너와 만남이
가슴속 외로움이 고요가 이불이 되어
영원으로 끌어안고 싶어라.

어느 뉘가 알랴
고하의 일 내 말소리 늘어뜨린 그날들…
은은한 빛 서리어 처음부터 오늘까지
자욱하게 숨 가쁜 몇 잔의 소주에 빠져
우리는 목멘 소리로 세상을 원망했던 그때 그 시절—
지금은 찬연히 살찐 고하(古河) 시(詩)를 모아본다.

고하(古河) 시인(詩人)
언젠가 버리고 갈 인생
남은 말 얼마나 될까
고하(古河)만이라도 푸르고 푸른 나뭇가지마다
수천만 가지마다 시(詩)를 매달아
이 나라에 하나밖에 없는 시인(詩人)이 되어 다오
아! 고하(古河)여!

(한국현대시인협회 사화집(2011년) 발표)

그리움 사람들 2

— 詩人 강득송 님께

야트막한 산기슭
아침 안개에 싸인 움막 황토길

당신과 하나가 되기에
기다림 속에 지친 적막이 흐르는 밤에도
고요히 접어본 당신의 향기…
세포마다 그리움이 시리도록 쓸어봅니다.

청아(淸雅)한 가슴에 피는 소리
성령(聖靈)으로 사뿐히 닫힌 그 마음 열어
우리 가슴을 포개본
그— 세월이 언제였습니까?

굳은 마음 얻은 그— 어느 날
한 그루의 득송(得松)과 시심(詩心)이었습니까?

우리의 만남의 아침은…
웃음으로 품어둔 시(詩) 같은 정의(正義)로운
하루가 시작이었습니다.

봉곳 내민 시심(詩心) 속엔
반복도, 대립도, 아집도, 질투도,
허기진 욕망도 벗은 심성(心性)으로

달 뜨는 움막에서
이제는 평온히
세월이 지는 것을 바라보면서…

강사백(姜詞伯)!
바람소리 없는 움막에서
바람과 함께 무지개 뜨게 하고
성령의 소통으로 만난 우리는
시(詩) 한 편의 영혼에 벗어 던지고
시린 가슴 끌어안는 그리움으로…
강 시인이여! 하고…

(『한국작가』 2011년 여름호 발표)

그리운 사람들 3

— 강신형 詩人께

봐도 또 보고 싶다.
강신형 시인
뺑뺑 뚫린 마음이랑은
산속 오두막에 묻어놓고
그리움을 달구어
고독이란 외로움을 묻어둔 마음
시(詩) 속에 강시인(姜詩人) 숨겨 두었다가
요렇게, 조렇게 해서 띄어 보는 것일세.

강(姜) 시인(詩人)!
당신께서 주신 『표적을 위하여』 시집
오늘도 간직한 채 읽고
변함없는 세월 그 마음일세…

지난날에 고무령에서
매끄럽게 소주 몇 잔에
우리는 웃고 깔깔거리던 그때 그— 시절
확 털어 놓고 본 아련한 추억들
내밀한 정감이 목이 맺히다.

강(姜) 시인(詩人)!
지금은 긴긴 편집을 쪼아낸 "창원시보"
빈틈없이 하나하나 당신의 시사평

108만 창원시민의 소식을
모두에게 보내는 멋있고 정의(正義)로운 필봉(筆鋒)
『표적을 위하여』 시집같이
굳굳한 그 내면의 세계를
언제나 자강불식(自强不息) 좌우명에
꽃피고 향기로운 그— 날까지
부디 영원(永遠)하소서.

(월간 『신문예』 2012년 1월호, '이달에 만난 시인' 발표)

그리운 사람들 4

— 隨筆家 강옥희 선생님

달무리 희미한 달 아래
티 없는 백설 같은 어언(語言)을 줍는 모습
곰살맞게 피어나는 진묘(眞妙)한 문장(文章)
"광주리 속의 포도송이"

아득히 먼 세월이 지난날 주신 책
포도송이가 글이 되고 수필이 되어
읽고 또 읽어봐도
선생님께서 담아 놓은 광주리는
귀를 열고 마음으로 담아
답답한 의식세계를
열어준 맛깔스러운 철학세계
맑고 곱고 아름다운 심상(尋常)였습니다.

채워도 채워지지 않는
문장과 문장의 연결이 묘미(妙味)
대롱대롱 달린 이육사 청포도 같습니다.

신선하고 숙연한 마음 자락
선운(禪韻)이 감기는 듯
고요로운 묘용(妙用)의 지혜롭습니다.

천성(天性)이 밝음이여!

불심(佛心)이 깊을세라
고락도 무애자재(無碍自在)요
많은 후학(後學)들에게 소금 되시고
달빛이 떠날 없으신 선생님
여한이 없는 세상 건강하소서—

(월간 『문학세계』 2010년 8월호, '책 속의 소시집' 발표)

그리운 사람들 5

— 詩人 강호인 선생님께

산청(山淸) 산천재(山天齋) 덕천서원(德川書院)
그곳은 고결하고, 장엄하고 고고한 선비
남명 조식 선생의 글 읽는 소리
아직도 귓가에 들리는 듯 아련하다.

그것은 "산천재(山天齋) 신끈 풀고" 강사백(姜詞伯) 님의
시집(詩集)에서 본 시어(詩語)였습니다.

구만장천(九萬長天) 푸른 하늘
구름 헤치는 도포(道袍)자락 님의 기상입니까?

강사백(姜詞伯) 님!
언제나 자야(自若)에 고요를 마시며
대죽(竹)잎같이 검붉은 가슴으로
언제나 늠름하고 따뜻한 영혼의 미학(美學)
보면 볼수록 장렬(壯烈)히 가슴을 태웁니다.

강사백(姜詞伯) 님!
맑고 밝은 온화한 웃음소리
더없이 살가움을 봅니다.

지난해 마산문협 대표선집 발간에
헝클어진 실타래 풀면서

마른기침 얼마였으며
가슴 등뼈 얼마나 했습니까
얼마나 고뇌 찬 일이었습니까
그러나 완성(完成)되는 날
사백(詞伯) 님의 보람의 열매
한 아름 안겨줄 즐거움이 묻어납니다.

(월간 『문학세계』 2011년 10월호 연재)

그리운 사람들 6

— 元老詩人 경철(景鐵) 박사님께

선생님의 시조(時調)는
감흥(感興)과 절묘(絕妙)요
철학적(哲學的) 내면(內面)의 미학(美學)이며
폭넓은 향기며 민족(民族)의 혼(魂)이며
어떤 세계(世界)와도 바꿀 수 없기 때문입니다

시각적(視覺的) 이미지와 끊임없는 일체유심조(一切唯心造)에
분명 자비(慈悲)스러운 관음(觀音)의 화신(化身)임을
결코 좌절 없는 시학(詩學)의 결집에
구원(救援)의 극치였습니까.

삼독(三毒)에 허덕이는 현실(現實)
인간의 재생(再生)을 밝혀주는 경건한 등불입니까
그것은
머리는 깎을 수 있다지마는
마음은 깎을 수 없는 세상인심입니다.

경철 박사님!
삶을 사는 번뇌와 고통
아집(我執)과 아상(我相)이 둘이 아님을
깨달음을 주는 상주불변(常住不變)입니까

박사님!
소리가 날 때는 침묵이 부정이라면
침묵에 들 때는 소리가 부정이라 했습니까.
박사님의 시(詩) 소리는 경험에 겸허하게
융합이요, 조화요, 불심(佛心)이요.
불이(不二)가 아님은 만고의 진리였습니다.
신묘년(辛卯年) 1월 15일 서석문학 시상의 밤
원(願)했던 박사님의 엄숙하신 모습 뵈옵고
정화된 범음(梵音)[言]이며
청정 법신(法身) 듣고 보고
시(詩)의 원천(原泉)임을 가슴으로 새겨 놓았습니다.
"림영창 칠순사화집 사바여로"
박사님의 영혼으로 새긴 시(詩)
삼가 이 나라에 불후지공(不朽之功) 하소서.

(『해동문학』 2011년 봄호, '이 계절에 만난 시인' 발표)

그리운 사람들 7

— 구봉집 선생님께

선생님의 밝으신 모습
처음 만난 이 움막 공방이었습니다.

늠름한 웃음 깊숙한 심성(心性)
처음 대화 속에 역사를 만들었습니다.

서로 손 잡을 수 있었던 행운(幸運)
비상하는 청운(靑雲)의 뜻을…

가을에 열매가 영글듯이 순수한 마음
처음 신아(神我)의 감동을 받았습니다.

적막하고 볼품없는 산(山)골 움막
선생님의 무거운 신발을 신으시고
미국(美國)으로 향(向)해 가실 때
선생님의 귀(貴)하신 말씀…
포개지는 영혼 안겨주는 듯 참 잊을 수 없습니다.
구봉집 선생님!
떠나시던 초봄의 움막 오후
보내기 싫은 마음과
따스한 정한(情恨) 속에
밤새워 이 글로 만남을 기다리겠습니다.

(문학춘추작가회 2009년 14호 발표)

그리운 사람들 8
— 구일모 선생께

언제나 조용하면서 늠름한 모습
땅밑에 마그마의 활화산(活火山) 같은 눈빛
하늘과 대화를 자위(自衛)하며
묵묵히 말없이 고요로운
달빛같이 희고 맑은 마음으로
흙에서 가축 돌보며
새소리 바람소리 모두가
당신 것이 아닌 것 없는 평화
푸른 주남호(住南湖) 바라보는 혁혁한 모습
그— 심성(心性)은 누구의 숨소리입니까

성품(性品)은 궁전 같고
사유(思惟)는 시인묵객(詩人墨客)이면서도
기상은 끓는 용광로 같은 열정이며
불만을 토로하기 전 심사숙고(深思熟考)하며
목적을 향(向)해서 진실(眞實)하며
빈틈없이 행(行)하는 당신은 누구입니까.

존경하는 구 선생(具先生)!
21세기는 분명히 세계화(世界化) 시대(時代)
우리 동읍민(同邑民)의 대화합(大和合)을 위해
선생의 폭넓은 숙연한 정감으로
밝고 맑은 숨결로

감동의 긴축미(緊縮味)와 상징적 높은
그— 사상의 무게를
후회 없는 우리 동읍(同邑)에 중인(重人)이 되게 하소서.

(『해동문학』 2011년 여름호, '이 계절에 만난 시인' 발표)

그리운 사람들 9

— 구창훈 님에게

하늘과 땅 사이
산골 움막 한 칸 빌려 산 지 40여 년
석양 놀이 진 적막한 밤
홀연히 당신의 오묘한 모습
옛날 까만 교복 입은 학생시절
하염없이
띄엄띄엄 가슴을 찢은 듯
내 간절한 그리움이었습니다.

창훈 님!
세월이 갈수록 그리움이 깊어지는 법(法)
님과 나의 흔적은 해심문학(海心文學)
가슴속에 숨어 이울지 않고
영원 안에 목마르지 않는 따스한 다정(多情)

언제나 옆에서 지켜봐주는 듯
하얀 포말이 아우라는 점잖은 모습
눈이 떠 있는 그날까지
그것은
님과 나를 이어줄 영원한
인연(因緣)의 창문(窓門)에 기대며 살리라.

창훈 님!
둘만의 구중궁궐보다 좋은
밭둑에서
어느 때는 논둑 아니며 연못 둑에서
빈 영혼 달구고 달구다가
두 손 움켜쥔 채
혈육보다 강한 형제같이 지내온 그— 옛날
이제 새로운 생(生)을 그려본 그날들…
훈아!
보고 싶다
문드러진 가슴으로 불러본다.

(월간 『문학세계』 2011년 10월호 연재)

그리운 사람들 10

— 고하(古河) 詩人께

고목(古木)에 영지 돋듯이
다(多)함이 없는
고하(古河) 시인(詩人)

문재(文才) 또한
지혜와 슬기 넘쳐
고금동연(古今同然) 고사(古史) 하나 하나까지
밝고 맑은 영묘엔
대하(大河)가 고하(古河)가 되고
고하(古河)가 대하(大河)로 흐르듯 참 좋아라

오롯한
인생형설(人生螢雪) 밝으며
뭇 사람의 길잡이 되게 함이
고하(古河)의 무구(無垢)함이 참 좋아라

도도히 굽이치는
험난한 외길의 긴— 세월에
산하대지(山河大地)에 소리 되어 듣게 함이
무언(無言)의 메아리 되어
영원(永遠)히 소소명명(昭昭明明)한
꽃이 피게 하면 참 좋겠다.

(『월간문학』 2002년 10월호 발표)

그리운 사람들 11

— 김기필 선생님께

움막 뜨락 가득히 쌓인 낙엽
긴— 바람소리 떨고 있는 잎새
차(茶) 한잔에 담아
무등차(無等茶)로 벗 삼아
칠순(七旬)의 마른 가슴 사이로
흐르는 고독과 그리움을…
선생님의 지존(志尊)하신 교훈
희망과 용기 알알이 박히도록
그 말씀, 그 생각 아직도 살아 숨 쉬는 듯
선생님 잊을 수 없습니다.

따뜻하신 맑은 영혼
평범하신 심성 옛날이나 지금이나
어감(語感) 속에 진리와 철학이 밝으신 선생님

달이 가고 해가 갈수록
배웠던 학교시절 푸른 그 얼굴에
깊이 새긴 제자들 가슴 가슴엔
꽃같이 피고 열매같이 여물고 있습니다.

선생님!
장엄한 정병산 굽이굽이마다
천년토록 우거진 "신방 엄나무" 위에

학(鶴)같이 고고하시고 엄숙하신 선생님의
청렴(淸廉)이여…!

선생님 오늘도 십자가(十字架) 보이는 교회당
앞길 모퉁이를 돌아서
쓸쓸히 홀로 가시는 뒷모습
사무치도록 그립습니다.

(월간 『문학세계』 2011년 12월호 연재)

그리운 사람들 12

— 時調詩人 김교한 선생님께

횃불과 촛불은
본래(本來) 스스로 몸을 태우는
침묵의 불빛처럼 밝고 맑으신 선생님

선생님! 1993년 출간하신 "도요를 찾아서"
오늘도 시(詩)의 알갱을 찾아
영혼이 흠뻑하게 호젓이…
외로움을 달래면서 선생님의 잔잔한 웃음
마음 깊은 데서 만들어 내신 시어(詩語)
메아리같이 들려오는 듯합니다.

선생님.
옹이로 맺힌 조행(操行)이었습니까
이승에서 맺힌 회한(悔恨)이었습니까.
면경(面鏡)같이 맑고 고운 순음(純音)이었습니까

굽이굽이 흐르는 "회야강(回夜江)"변
"초정(椒井)" 약수터 앉아서
삼라만상(森羅萬象)을 시(詩)로서 그려 내신 내면(內面)의
시세계(詩世界)
참으로 고고하며 아름다움이여!

— "기생충 예방의 노래가사" 당선부터….

고희(古稀)가 되도록
향긋한 대죽(竹) 내음이
선생님 함자(銜字) 같은 가슴에 소리에
해탈의 선심(禪心)이 가슴속을 후벼 팝니다.

선생님!
밑거름 주어 기르신 수(數)많은 후학(後學)들
빛을 남기실 청정(淸淨)하신 선비정신
시조(時調)가락마다 보탑(寶塔)이요
따스하고 평온하신 소심근신(小心謹愼)의 마음

먼— 피안(彼岸)을 바라보시는 선생님
지란(芝蘭)의 향이 청사(靑史)이 빛이 되게 하소서—

(월간 『문학세계』 2010년 8월호, '책 속의 소시집' 발표)

그리운 사람들 13

— 정운(正雲) 김도원 선생께

하얀 화선지에
향(香)이 짙은 붓을 드리우는
선생의 모습 그렇게도
생(生)의 참 보람이 어쩌면 신비롭습니까.

용계서당(龍溪書堂) 써놓은 종횡무진(縱横無盡)의 필력(筆力)
과연 눌재(訥齋) 김병린(金柄璘) 선생님의 후예답게
칠순(七旬)의 촉촉이 젖은 옷매무새 모습
그대로 의지(意志)에 찬 장인정신(匠人精神)입니까.

외로움보다 당신의 그리움으로
목 빠지게
삶을 풍겨 기운(氣韻) 생각하며 그립습니다.

정운 선생(正雲先生)!
백절불굴(百折不屈)의 유림정신(儒林精神) 그 하나
푸른 인광으로 떠오르는 오현종사(五賢從祀)
비할 바는 아닐지언정
정운 선생(正雲先生)의 굳은 유림(儒林) 선비정신…

고향에서 나서 고향 서원(書院)에서
흙속에서 사서삼경(四書三經) 글소리 이어져

세월의 깊이만큼 긴— 사관(史觀)이
혈맥 속에 얼마나 새겨 오늘에 왔습니까.

혼탁한 세상(世上) 무너진 도덕윤리(道德倫理)
고운 숨결 심어주는 사표(師表)의 인품(人品)
소망을 불태우는 칠순(七旬)의 선비요
이 시대(時代) 하나뿐인 선생이었습니다.
언제나 건강한 모습으로
영원(永遠)히 잊을 수 없는 정운선생(正雲先生)이여!

(『해동문학』 2011년 여름호, '이 계절에 만난 시인' 발표)

그리운 사람들 14

— 교당 김대환 화가님께

열두 색(色)으로
팔순(八旬)이 넘도록 외길 인생의 혜안(慧眼)
빈틈없고 섬세하고 우아하며
아름다운 조선 여인(女人)의 선의(鮮衣)
흐르는 듯 곡선미(曲線美)의 필치(筆致)
담징인지 김홍도인지
환생(幻生)한지 모를 교당 김대환 화가님.

선생님!
미인도(美人圖)를 탄생시키시는 숭고(崇高)한 정신세계
머리끝에서 발끝까지
뽑아 올리는 신비(神秘)의 경지요
현미경 같은 눈으로, 손으로, 가슴으로.
영혼의 무의식 경지에서
다소곳이 모시 치마저고리 살며시
여민 여인의 앞과 뒷모습들…

이씨조선 여인들의 향기로 담아놓으신
한없이 피었다가
눈송이 같이 낙화(落花)하는 꽃잎…

있음과 없음을 빠짐없이 다스리는
틈틈이도 넉넉하신 아량(雅量)의 심성(心性)

안온한 푸른 멋에 완벽한
선생님의 영혼의 화폭였습니다.

교당 선생님!
소박하고 우아한 미인도
여심(女心)까지 그려 내신 영적(靈的)인 선생님
차안(此岸)의 열정을 감지하시어
피안(彼岸)으로 가는 원(圓)으로 다스리는
입히고 벗기며 나비레 같은 나수(羅袖)
느긋한 향기가 돌며
선생님께서 주신 내면(內面)의 화폭
정녕 이 나라에 영원히 불후(不朽)의 작품(作品)이어라.

(월간 『문학세계』 2010년 8월호, '책 속의 소시집' 발표)

그리운 사람들 15

— 일본교포 김리박 詩人께

움막에서 하도 그리움에 목이 말라
바깥바람 쐬러 석산(石山)마을 찾았습니다.
김리박(일본교포)을 처음 뵈옵던 날
그날 여름비조차 서러운 듯
당신의 맑은 넋은 슬픔인지 비[雨]가 되어
자유(自由)로운 고국(故國) 땅에
새가 되어 날아 왔습니까.

찾아온 60여 년 영원(永遠)을 여는 그날
김리박 시인(詩人)의 시(詩) 속엔 "아리랑"을 낭송할 때
사무친 역사(歷史) 앞에
우리는 가슴속의 눈물이었습니다.

당신께서 이국만리(異國萬里) 일본(日本)에서
시조집(時調集) "한길"을 출간했으며
1992년 교포한국문인협회를 결성 회장으로
1996년 장편 서사시 "견직비가"를 출간
2001년 "봄의 비가"를 상재(上梓)하며 시인(詩人)으로
빛나게 발돋움하신 김리박 시인

비록 36년 굴욕스러운 민족(民族)의 한(恨)으로
그 세월에 생명(生命)을 지키기 위해
노동자로 판매원으로

죽을 고비를 문턱처럼 넘나들면서도
시인(詩人)의 뜻 버리지 않고
오— 직 창작(創作)에만 불굴(不屈)의 의지(意志)였습니까.

김리박 시인(詩人)이여!
가슴에 한(恨) 지웠다가 다시 살아나는 시심(詩心)
기구한 운명 속속들이 가슴에 묻은 채
그리운 고향 다시 깨워지는 석산(石山) 마을
풍운의 슬픔은 민족(民族)을 대신해 울었고
모질고 독(毒)한 일본 땅에서
한글을 위해 투신하신 김리박 시인이여!
오늘도 지쳐하지 마시고
목에 걸린 민족(民族)의 한(恨)을 토(吐)해 보소서.

(카론의 강 사화집(2010년) 발표)

그리운 사람들 16

— 김문희 박사님께

괴로움이 있는 곳에도
안도하는 가뿐한
행복도 있듯이
박사님께서 찾아주신 이 움막에
정(情) 하나하나 심어 준
정감스러운 연과 연으로 맺게 한 날.

찬란한 천년의 역사와 문화 자랑하는
여기 "가야문화사랑회"를…
맺게 하신 박사님!
가슴 가슴에 피는 꽃향기같이
이 움막까지 엮어주신
큰 어른이었습니다.

차디찬 세한(歲寒)
굳게도 뻗은 송죽(松竹)가지 같이
푸름을 달아 주신
어느 날 움막에서
한 수의 시(詩)를 낭송해
여한을 푸는 고고한 인품
참! 인생(人生)을 배웠습니다.

몇 만겁토록 푸른 산(山) 위로
운률(韻律)이 퍼지는 듯
청아한 목소리이로
낭송하시는 숙연한 그 모습
온통 가슴으로 영혼으로 여울져
낙조(落照)의 긴 노을빛 어우러져
고뇌의 아픔을 풀어주신
김문희 박사님의 따사로운 숨소리
오늘도 촉촉하게 들려오고 있습니다.

(『아시아서석문학』 2010년 가을호 발표)

그리운 사람들 17

— 김문조 동생에게

산골 움막에 살다 보니
어떤 난관에 당해서
일어서지 못할 때
인적 없는 적막 가슴 치는 듯 아플 때
나를 위해 아낌없이 와서 도와준
김문조의 힘 다해 준 모습
나는 그 아름다움을 가슴 깊이 새긴다.

세상(世上)은 남이 잘될 때
심히 짓밟고 음해하고 억누르며
못살게 행패하며 협박하고 위하는 척
속과 겉이 다른 인간들…
그러나 어린 시절에서 60이 넘도록
"문조"와 나는 친형제같이
오늘날까지 살아온 보람으로 산다.

무엇 때문에 이 땅에 사는지
무엇을 갖기 위해 사는지
가질 수 있는 것이 무엇이던가
한 잎 낙엽만도 못한 바보들
말로 다할 수 없는 어리석은 바보
그러나 문조 동생은

이웃을 생각하는 겸손과 의리(義理)
끊임없이 모진 삶의 역사들…

형은 무얼 어떻게 이 골짝에서
시(詩)만 먹고 사는 딱한 운명…
산(山)굽이 돌아가는 "문조"의 마음이런가

문조 동생 삶을 위해
몸부림치는 알뜰한 의지(義志)
둥근 마음 변함없는 정의(正義)
잊혀지지 않은 너의 영혼과 영혼이
엉키고 엉키어 영원한 귀감으로 삼으리라.

(월간 『신문예』 2012년 1월호, '이달에 만난 시인' 발표)

그리운 사람들 18
— 詩人 김병수 선생님께

외롭게 산심(山心)으로 사는 시인(詩人)
이름하여 인정(人情)이 철철 흐르는
김병수 시인(詩人)님!

뜨거운 심연(深淵)을 울리는
문향(文香)이 벙글게 하는 님의 가슴
동그라미로 다 하는 모습
산심(山心) 같은 묵직하고
넉넉한 웃음
고뇌를 태워내는 그윽한
시(詩) 소리를 듣습니다.

그— 어느 봄이 오는 오후
움막에 묻어놓고 간 자국소리와
꿈속에 묻어나는 님의 모습
그것은
님의 풍성한 심성(心性)이었습니까?

시인(詩人) 김병수 선생님!
거울 같고
고요히 빛나는 별 같고
적막이 수두룩한 침묵 같고
물같이 순백이 흐르는 맑은 시심(詩心)…

인생(人生) 굽이마다
덕(德)과 다정(多情)이
퐁퐁 솟은 옥천수(玉泉水) 같은 청심(淸心)
넘쳐나는 청정(淸淨)한 그 목소리…

모래알같이 숨은 시어(詩語)를
산방(山房)에 가득가득 채워 담아
가꾸어 소중한 님의 푸르고 높은 시(詩)
하나라도 허실됨이 없이
영원한 문로(文路)를 가옵소서.

(『문예비전』 2011년 5 · 6월호 '시의 향기' 발표)

그리운 사람들 19

— 김보암에게

적수단신(赤手單身)으로 살아온 외길
살아남기 힘든 각박한 이 현실
무엇으로 채우며 살 것인가
삶보다 더 아픈 배고픈 보릿고개 시절
불끈 쥔 굳굳한 의지에 찬 가슴
아직도 꺾어버릴 수 없는
저주와 반목이 다툼과 결의였습니다.

보암 씨! 배움의 향학열(向學熱)
독학(獨學)이란 무섭고 아팠던 홍익대학(弘益大學) 시절
깨물었던 포부와 긍지
어두웠던 지난날의 피와 땀
등뼈가 천번만번 휘어져도 좌절없는
너의 신념(信念)과 지덕(知德)의 철칙으로
아무리 험난해도 절망하지 않는
가슴속 솟아오르는 푸른 깃발
영원한 햇살이 되게 하소서

보암 씨! 가는 길 굽이마다
하늘이여! 땅이여! 바람이여!
저— 떠도는 흰구름이여!
부디 인간에게 향기를 주소서…
보암씨 마음 따라 피게 하소서

(『해동문학』 2011년 여름호, '이 계절에 만난 시인' 발표)

그리운 사람들 20

— 김복근 문학박사님께

한 자리에서 생명(生命)이 다하도록 큰 나무
장림심처(長林深處)라 했던가
사계절(四季節)이 넉넉하고
아늑한 품으로 지켜온 세월 속에
새들의 노래도 만들어
무성한 님의 가슴엔 잎과 꽃이 피듯이
김 박사님의 시심(詩心)엔
찬란한 햇살이 여울져 흐르는 듯
청백사(淸白史) 맑고 튼튼한 "인(因)과 률(律)"
마음 모아 외웠습니다.

저의 졸작(拙作) "흙 속에서 시(詩) 속에서" 출판기념의 날
사회 보셨던 님의 빛 아래
월인천강(月印千江) 같았습니다.

시(詩)로서 구현의 지평을 열었고
학문으로 삶의 뜻을 챙기시고
홀로 호호(浩浩)한 무학산 정기 받아
백자, 청자, 항아리마다
침묵의 화신(化身)같이
시(詩)로서 자연(自然)의 세기(世紀)를 다스리는 시인(詩人)

움막 노을이 저물어 저물어 가는 날

한 조각 구름처럼
영한 마음 내려놓고
천년(千年)을 다진 그리움이었습니다.

(『아시아서석문학』 2010년 여름호 발표)

그리운 사람들 21

— 김사성 선생에게

낙동강은 수억년 흐르고
정병산도 수억년 변함없는 것처럼
김 선생과 나는
소리 없는 소리로
맺은 인연(因緣)의 소리는 깊어만 갑니다.

김 선생!
황홀함을 간직한 진주(眞珠) 같은 기상과
빛낼 당신의 지혜(智慧)와 슬기와 정의(正義)
수천 수백의 귀로 열고 눈으로 보아도
말[言]과 뜻이 무궁무진한 신념(信念)
뼛속에 파고드는 진한 진실이
지울 수 없는 당신의 의지(意志)
언제라도 새롭게 솟아오르는 정갈한 마음.
시(詩)가 하얗게 필 생명(生命)을 보았습니다.

김 선생!
지난날에 발표한 "단주(斷酒)" 시(詩) 읽고
휘황한 햇살에 녹아버리는 "단주"
참으로 가슴을 풀고
가득한 상상의 세계를 그려 봅니다.

김 선생!
다시는 없으리라. 그 목소리 "단주"
가난한 영혼의 주막에서
잔에 넘치는 교만과 멸시 불사르고
김 선생 이제 겸허한 가슴으로
결심이란 불씨를 달구면서
스스로 태워
밤을 밝히는 것이 생애의 깃발이요
사모님께 드리는 "단주"는
행복의 선물이며
세상 모든 것이 김 선생의 뜻을 이루게
될 것입니다 부디 "단주(斷酒)" 입니다.

(월간 『문학세계』 2011년 12월호 연재)

그리운 사람들 22

— 김성태 선생님께

저물어가는 어느 날
그렇게도 조용한 가슴으로
찾아오신 김성태 선생님!
아련한 그 목소리
내 움막에 하얗게 남겨 놓고 갔습니다.

쓸쓸하고 적막한 움막
홀연히 눈 감아
김 선생님의 고마운 마음 헤아리며
조용하게 불러 봅니다.

이 험난한 산길 팔십 노구(老軀)
있는 듯 없는 듯 안아주신 그 마음
원망도 눈물도 없는 자연에 순응하신 선생님의 선명하신 모습이었습니다.

님의 보드라운 살빛 같은 말씀과
달빛소리 같은 말씀
청정옥수(淸淨玉水) 한 바가지에
절박한 저에게 시름을 내리시고
크고 튼튼한 마음 받쳐주신 그날
영원(永遠)토록 가슴에 새기며
선생님의 환하신 모습 그려 봅니다.

(〈한국문학신문〉 2013년 10월 2일 발표)

그리운 사람들 23

— 김석진 선생께

저마다 세상(世上)을 살아가지만
인연 따라 가고오는 것일지라도
언제나 그리움과 기다림은
그 마음 하나였습니다.

솔직한 마상대호(馬上大虎) 같은 기상(氣像)이여! 하고
애타게 불러봐도 대답 없는 그날들…
가슴 뻗쳐도 닿을 수 없으니
식은땀 흐르는 밤이 저려옵니다.

석진 선생!
먹구름이 멍든 달을 먹던 시
천둥만 가슴 쳐야 했던 침묵의 세월
아팠던 지난날엔 바보가 되었습니다.

인생(人生)은 잠시 왔다가 가는 것
그러나 우리는 영혼으로 주고 받은…
다정(多情)으로 엮어온 열망 또 무엇이 있으랴

석진 선생!
당신의 불굴(不屈)의 뜻과 불퇴전(不退轉)의 의지(意志)
결코 변할 수 없는 만리장성(萬里長城) 같은 마음
볼을 부벼 따뜻한 체온으로

끝내 당신밖에 없고
끝내 정(情) 하나밖에 없는
투철한 정신 하나 믿어온 세월 속에
고향을 위해 꿈과 이상(理想)의 깃발을…

석진 선생!
영혼 속의 투지 그리고 굳은 의지
오— 직 밝은 심성에 투영된 진리
그리고 참 비전의 세계를
가슴의 잔에 넘쳐흐르는 한(恨)을 마셔
우렁찬 당신의 고함소리로
심기일전(心機一轉)하여 하얗게 빛을 남기소서.

(『해동문학』 2011년 여름호, '이 계절에 만난 시인' 발표)

그리운 사람들 24

— 詩人 김연동 선생님께

큰 산(山)은 방패(防牌)가 된다고 했습니다.
솔개가 나르는 하늘가
진실 속에 진실을 오롯이 밝은 시심(詩心)
그것은 님의 시(詩) 소리요
순수무구(純粹無垢)를 심은 선생님의 가슴입니다.

김연동 시인(詩人)님!
평상심(平常心)에 묵묵히 잔잔히 품은 향기(香氣)
시(詩)앓이 고뇌의 영혼을 안고
천년(千年)의 조상(祖上) 시조역사관(時調歷史觀) 속에
백두를 넘어 금강을 건너 한라도 넘어
세계(世界) 어느 곳인들 못 가랴!

님의 문학산실(文學産室)의 숨결이여!
오늘도, 내일도, 모레도.
늘 자유(自由)와 평화(平和)와 생명(生命)과 사랑과 희망.
꿈의 깃발로 뿌리 깊게
이 땅의 문학(文學)을 위해
되살아나는 순수를 가르치는
그날의 문학세상(文學世上)이 오도록 강변(强辯)하소서

위아래도 없는 세상(世上)에
시(詩) 한 줌씩 뿌려 참 새싹 돋게 하시며

강(江)을 메우고 산(山)을 메우는 그날
이 강산에 문학(文學)의 햇불이어라…

김연동 시인(詩人)님!
인간존재 원형으로
탐색하며 휴머니즘의
유장(悠長)하여 불후지공(不朽之功)하소서.

(월간 『문학세계』 2011년 10월호 연재)

그리운 사람들 25

— 화가 김영주 선생께

화폭마다 세상을 다스리는 군주(君主)요
삼라만상 같이 숨 쉬는 화폭마다
생사해탈(生死解脫)을 그려내며
심혼을 채워놓은 이상과 철학과 비법
그것은 누구를 위함이었습니까

김 화백(畵伯)! 물욕도 탐욕도 비굴함도 없는
당당하고 늠름하고 웃음과 해학
참으로 어울리는 예술가의 기절
잠잠히 떠오르는 그리움이었습니다

우리의 만남이 어언 반세기
인생 삶의 대화가 얼마나 넘나들고
못다 한 시름으로 살아온 세월만큼
오늘 이렇게 이순(耳順)의 그 얼굴
아득히 떠오르는 당신의 마음이었습니다.

김 화백(畵伯)! 이제 황량한 겨울 노을에 걸려
비바람 눈보라에 텅텅 빈 가슴 한쪽엔
당신의 마음 담아
세상사를 풀다가 감아다가…
당신의 그 열정
먼— 훗날 영원히 남을 명작이 되소서—

(한국신문예문학회 사화집(2011년) 발표)

그리운 사람들 26

— 김원균 前 시의원님께

인정(人情)이 서로 어우러져
서로 기대며 정(情) 하나로 사는 고향(故鄕)
삶이 고(苦)될수록 따독거리며
보살펴주는 다정(多情)아 가득한
김의원(金議員) 님 그동안 초야에 묻혀
생활과 건강은 어떠한지요.

또 한 해가 저물어 가는 이 겨울
먼발치에서 바라보는 석산리(石山里)
마음은 가슴속 고요히 이야기하기 위함이 어이 다 하랴!!
넓고 넓은 의원님의 가슴
다시 한번 간직해 봅니다.

때로는 쓸어 안고
짐짓 마음 위에 세워 세상사(世上事) 논(論)할
그— 티없이 깨끗한 겸손과 의리와 예의
꼿꼿한 청백리의 깃발이며
세한삼우(歲寒三友)를 제일로 그윽한 향기며
중용(中庸)을 소중히 지키시는
그 오롯한 심성을 보고 싶습니다.

김 의원님!
임진왜란 때 일등공신 동산공(東山公) 김명윤(金命胤) 후예요.

대대(代代)로 엄한 집안에서
끊임없이 청빈(淸貧)한 정신으로
세상(世上)을 넓게 딛고 서 있는 기상
진실과 실존의 의미로 사는…
김의원 님의 힘으로
우리 고향 화합하는 기둥이 되게 하소서.

(월간 『문학세계』 2011년 12월호 연재)

그리운 사람들 27

— 評論家 김우종 교수님께

단기 4337년 12월 22일
시인(詩人) 윤동주 선생님 60주기 추모 전야제
서울 남산 문학의 집
시화전(詩畵展) 참여할 때
문학평론가이신 김우종 교수님
만났던 그날 오후였습니다.

영원(永遠)히 잊지 못할 교수님의 그리움…
어찌 소인지용(小人之勇)이 필설(筆舌)로 다하겠습니까?
그러나 현대문학지(現代文學誌)로 통(通)해 배웠고
지금까지도 읽고 배우는 교수님의 옥고(玉稿)

흔열(欣悅)스러운 가슴속 고동(鼓動) 치는
준령(峻嶺)을 타고 따스한 정(情)을 통해
수없는 고뇌가 내단는 염언(念言)에
교수님의 파아란 하늘 같은 그리움
햇살 쏟아지는 움막
창공(蒼空)에 마음 다하도록 꿈을 엮어봅니다

교수님! 보내주신 "비평문학의 이론"
동적이며, 정적이며,
공간적인 모습의 비전이며
체질과 시대성(時代性) 예술적 이념

미의식(美意識)의 본질(本質) 오늘의 문학(文學)정신
역사적 반영에 생각한 세계를 추구하며
“우리 문학 자폐증을 치유하고 문학의
가장 중요한 기능을 회복해야 한다는…”
이 소중한 이론의 말씀
현기증(眩氣症)에 정신없이 움막 기대어
눈물보다 더한 모진 생명(生命)
치밀어 오르는 허무(虛無) 속에 황폐한 문학의 길
막장을 긁어내도록…

교수님! 산골에 사는 새 한 마리
여백과 지면을 채우지 못한 채
언제나 그리움으로 가득하게 살겠습니다.

(월간 『문학세계』 2011년 11월호 연재)

그리운 사람들 28

— 김정희 선생님께

움막을 등지고
염산산성 바라보면 아늑한 남산(南山)이 보인다.
그곳엔 前 농협조합장 김정희 님 사는 곳

깨끗하고 올바르게 살아오신
님의 따뜻한 심성 그리워서
이 글을 띄웁니다.

처음부터 오늘날까지
촘촘히 매디매디 하나하나
모두가
가슴에 새겨진 농민의 피땀이었습니까?

김정희 선생님!
님께서는 농민의 힘이 되게 했으며
파고, 심고, 거두는 농민의 보람으로
못 먹고 못사는 이들에게는 삶을…
아낌없이 준
님의 푸른 마음을 바쳐온 역사였습니까.

김정희 선생님.
수(數)십 년 농협 행정관으로
가난에 쫓기고 시달리면서도

비가 오나
눈바람이 부나
주야불식(晝夜不息)이라 밤잠을 설치면서까지
이 세상 무엇보다 귀(貴)한 농민의 혼(魂).

피와 땀으로 가꿔놓은 선구자
익어가는 풍년
두 손 모아 빌었던
님의 지극한 심성
하나하나 쌓인 김 선생님의 역정들…
참으로 그립습니다.

(『아시아서석문학』 2011년 가을호 발표)

그리운 사람들 29

— 詩人 김종두 선생께

도시(都市) 속에 매운 공기(空氣)
야바위꾼 우글거리는 정치(政治) 패거리 싸움
비틀거리는 남녀 술꾼
아도사기 노름꾼 남녀 패거리
오만 지랄로 벅살 넘은 현대판 노래꾼
패가망신하는 묻지마 관광 패거리
등산한다 합시고 딴짓하는 패거리

다— 뿌리치고 농촌으로 떠난 시인 김종두
흙이 좋아 자연(自然)의 품에 안긴
고고한 시인 김종두 선생님 심성(心性)
흙이 진실(眞實)에
봄이 오면 진달래 늘어지고
철죽꽃 지천으로 불타는 이름하여 "운경정(耘耕亭)"

도라지꽃에 꿀벌 가둬놓고
원앙새 한 쌍 연못에 놀고
일개미는 열심히 호미 들고 일 나가고
시(詩) 쓰는 고운 손 새순 따다가
된장에 무치 먹은 신선(神仙) 같은 시인(詩人)
천년 만년 시(詩)의 종자 뿌리며 살아가는
그곳이 따스한
"운경정(耘耕亭)"의 보금자리였습니까? 선생님!

김 시인(金 詩人)님!
늘어진 구용산(九龍山) 긴— 그늘 아래
몇 천평(千坪) 온실 수없이 핀 진붉은 꽃향기
그것은
김 시인(金 詩人)의 고뇌 찬 시(詩)의 눈물이요,
섬세한 고통의 보람입니까.

시인님은 별 하나 나 하나 별 둘 나 둘
밝은 당신의 맑고 좋은 눈빛이여!
꿈이 있어 울었고, 소망이 있어 이 땅에서
운경정에 시를 쓰고 있습니까
영원하소서.

(월간 『신문예』 2012년 1월호, '이달에 만난 시인' 발표)

그리운 사람들 30

— 김종근 교장 선생님께

장엄한 정병산 기슭 창덕중학교
반세기 긴— 역사
자랑스러운 배움의 전당
교육백년대계(教育百年大計)의 목표로
불태우시는 교장 선생님의 굳굳한 심성
고요롭고 청백리(淸白吏) 근본으로 삼으신 교장 선생님!

미풍 같은 참 말씀 당신의 목소리
사운사운 햇살을 가슴에 안은 채
새롭게 복원된 교장 선생님의 비전
이 나라 교육자로서
제일 선봉임을 자탄함이로다.

교장 선생님!
창덕 54년 빛나는 전통의 역사(歷史)
아스라이 아름답게 채운(彩雲)이 피어오르고
창덕의 건아들의
혁혁한 눈빛 위에
금빛 서기가 서려 있음이여!

이 모두가 김종근 교장 선생님의
혼자 남몰래 지켜온 슬픔과 고뇌
웃음과 기쁨 속에 이루어온 역사들…

피어오른 배움 전당
교장 선생님의 후광이요 자취였습니다.

교장 선생님!
우르르 쏟아지는 당신의 단장의 곡(曲)
천년(千年)의 바위같이
거대한 한국교육사에
굵고 튼튼한 지(智), 인(仁), 용(勇)이
불같이 혼(魂)이 솟게 하소서!

(『아시아서석문학』 2011년 여름호 발표)

그리운 사람들 31
— 김종효 님께

김종효 님과
이별한 지 몇 해런가
이승과 저승…
무렵 천년(千年)였던가
볼 수도 가질 수도 없는 먼 길

만리(萬里)고개도
수육천리(水陸千里)도 아주 먼 길
지척이 천리(千里)라 당신이 살았던 죽동(竹洞)

에이도록 보고 싶어도
오고 가지 못하는 심성(心性)
세월 속에 묻어놓고
괴로워도
고독이 상(傷)할지라도
혼자 그리워 그리워하면서
보석보다 빛나는 가슴 하나로…

김종효 님이여!
젖은 넋을 느슨한 가을볕에 말리며
그리움을 굳게 꼭 쥐고
숱한 애모(哀慕)로 여기 김종효라 새겨봅니다.

(한국공간시인협회 대표시선(2011년) 발표)

그리운 사람들 32

— 詩人 김지은 선생님께

오늘 이 순간까지
숨 쉬고 살아 있다는
생존(生存)의 의미요, 삶이 꿈입니다

서재에 꽉 찬
문학과 유심불심(唯心佛心)의 세계
처절하게 파인 고뇌의 늪
가만가만 돌아 보이는 김 선생님
되새김질하는 문우(文友)였습니다.

김 선생님
큰밭 대전(大田)의 벌
훤칠하게 넓은 중도문학(中道文學) 회장(會長)으로
현양(賢良)한 모습에
돋보이는 은은한 품위(品位)
적멸의 고요 속에서 생멸(生滅)을 마시는
달변(達辯)의 무소유(無所有)였습니까

여러 해 쌓인 염원
이끼까지 푸르고 푸른
교교(皎皎)한 삼세(三世)의 연(緣) 하나…

굳굳하게 기쁨에 검게 탄
그것은
선생님의 염원 초지일관(初志一貫)의 뜻입니까
지금 막 수묵으로 모습을 그립니다.

(월간 『문학세계』 2010년 8월호, '책 속의 소시집' 발표)

그리운 사람들 33

— 詩人 김정석 목사님께

허물어지고 무너진
언덕에도 꽃도 피듯이
하나님의 은혜로 시(詩) 구구절절이
티도, 금도 없는 싱그러운 시심(詩心)
언제나 고뇌 찬 한(恨)이었습니까?

시인(詩人)님!
알뜰하고 형형한 눈빛
깊고 깊은 철학(哲學)과 성서(聖書)
다디단 하나님의 소망과 믿음과 사랑
그리고 당신의 기쁨이었습니까?

세상(世上) 밖에 내몰린
사랑이랑, 꿈이랑, 금단의 열매까지도
목자는 참고 참아온 길이었습니까?

당신의 온유한 영혼
비바람, 눈보라, 냉혹한 세상일지라도
아름다운 시(詩)를 영글 수 있으리라…

김 시인님!
연필 끝으로 찍은 시어(詩語)도
살과 뼈를 묻어둔 진실한 표현(表現)

철저한 사고(思考)와 고독한 현자(賢者)인
“데카르트”의 생각하는 사람같이
자아(自我) 성찰에 직관(直觀)의 시심(詩心)을 걸어
한 편 두 편 쌓여질 때
당신의 영혼 하나님께 준 행복
순결한 가슴으로 피어
온누리에 가득하기를
오두막 산골에서 간절하게…

(월간 『문학세계』 2011년 10월호 연재)

그리운 사람들 34

— 김천우 詩人 · (사)세계문인협회 이사장님께

1

아무리
밤이 어두워도
먼— 아주 먼 하늘 비바람 불어도
천우(天雨)의 크고 큰 간결한 숨결에
영혼까지 숭중(崇重)한 시심(詩心)을…
하늘비 산방(山房)이었습니까?
그 심상(心象) 뉘가 알랴

2

영원(永遠)으로 파고드는 그— 심성
순간에서 찰나(刹那)를 초월하여
서정(抒情)의 속삭임에
흐느끼는 가슴의 풋말
고요한 밀어(密語)
영혼의 세계(世界)를 적시며
울먹이는 시상(詩想)의 눈물입니까

천우(天雨)의 깃발
천우(天雨)의 항변과 절규
천우(天雨)의 내면세계(內面世界)
숨소리 고만고만한 하얀 숨결에
찬란한 꽃 같은 향기(香氣)가 되게 하소서

3

하늘비 내리는 산방(山房)
오늘은 가슴을 도려낼 듯이 아프도록
한(恨)을 토(吐)하고 삭이며
내일(來日)은 백난지중(百難之中)에도 날개를 달아
끝없이 푸른 산(山) 높은 하늘…
망망대해(茫茫大海) 풍랑이 있을지라도
가없는 불후지공(不朽之功)의 나라로…
영혼으로 띄우며
세계(世界)를 젖어드는 위력으로
한 송이 꽃이 되게 하소서.

(문학세계문인회 동인지 『하늘비 산방』 제5호 발표)

그리운 사람들 35

— 박도연 선생님께

하얗게 수줍어하는 모습
좌석을 건네주는
조용한 음성 젖어오는 듯
아득히 엉키고 깊고 깊은
연실(緣實) 같은 환영(幻影)이었습니다.

섣달 보름
자국 없는 모습만 해맑은 달빛이요.
맑고 환희에 찬 음악소리
매료된 인동초 한 폭…

같이 동행할 수 없는
운명이 아니면
그것은
숙명이라 하였습니까?

비적거리는 가슴은
푸념의 미로로 움막으로 갔습니다.

홀연히
푯(標)말의 모습 지은
애틋한 시간과 공간 틈 사이

이끼 그늘에 사라져가는 빈틈없이
아련한 도연(挑燕) 선생님의 흔적들…

도연 선생님!
움막에 퍼져 앉은 달 아래
선생님 닮은
연연하고 하얀 지금 그 모습에
허기진 고독을
겹겹이 모아 소중하게
원고지 칸에다 가두어 놓습니다.

(『아시아서석문학』 2010년 봄호 발표)

그리운 사람들 36
— 박숙경 교장 선생님께

내 고향 창덕중학교
반세기 넘도록 처음 부임 여(女) 교장
박숙경(朴淑京) 교장 선생님
보잘것없는 움막 찾아
함함(含含)이 빗은 머릿결
파란 옷자락 상깃한 산(山) 내음

살며시 들려오는 자국소리
움막에 가을 하늘이 가득히 찬 듯
"어디서 왔습닛겨" 해도
미소에 한줄기
빛과 소금을 담은 듯
근엄(謹嚴)하고 흠도 티도 없는
순수무결 값진 모습에
경건한 참 사표(師表)였습니다.

"저는 창덕중학교 교장입니다"
나직한 말씀과 모습
내 마음을 응시하는 선생님의 모습
그것은 선생님의 사념(思念)입니까.

문(門)을 열어 놓은 채
덧없는 선생님의 말씀 속에

꿈과 웃음과 생명(生命)의 극치며
깃발이었습니다.

달빛이 호두 같은 고요와
감익은 향기로운
교장 선생님 말씀 하나하나였습니다

가을 햇살에 함초롬히 젖어가는 어느 날 오후…

(『아시아서석문학』 2013년 겨울호 발표)

그리운 사람들 37

— 박지영 실장님(창덕중학교)

해묵은 계사년 끝자락
전시장(展示場) 마련해주신
꽉 찬 실장님의 향기

교정의 노을 속에 젖은
따스한 영혼을 접어 봅니다.

실장님의 야무진 꿈
의젓한 모습과 정의(正義)로운 속뜻
시(詩) 한 편 읊어도 되겠습니까

창덕중학교 행정실
차(茶) 한 잔에 부채살처럼 퍼지는
향긋한 실장님의 잔잔한 모습
하얀 백로 같았습니다.

전시 끝낸 빈 마음을 채워준
그— 매듭을
끝내 풀어주신
실장님의 마음 고마웠습니다

움막까지 보내온
실장님의 푸른 웃음소리

들을수록
가슴에 윤이 넘쳐납니다.

＊창덕중학교 19회 창덕제

(『문예비전』 2014년 3 · 4월호 특집 발표)

그리운 사람들 38

— 간곡(幹谷) 박희익 詩人님께

간곡(幹谷)의 시(詩)는
초춘(初春)과 더불어 새싹에
찬란한 아침 햇살만큼 고와라.

간곡(幹谷)의 시(詩)는
냄비에 끓는 된장국 뿌연히 피는 김
안경 너머로 피는 눈물이었습니다.

간곡(幹谷)의 시(詩)는
소쩍새 가냘픈 소리에
아픈 님에게 보내는 애절한 가슴이었습니다.

간곡(幹谷)의 시(詩)는
참깨 들깨 쏟아지는 동대움막에
피땀으로 얼룩진 당신의 가슴이었습니다.

간곡(幹谷)의 시(詩)는
이백이 세월을 낚는 환상(幻想)에
세월도 잊은 채 깊은 고뇌였습니까.

간곡(幹谷)의 시(詩)는
막힘 없는 공허(空虛) 속에 건져내는
절박한 감정에 순수한 시(詩) 한 편
노을에 물든 찬란한 노래입니까.

(『아시아서석문학』 2016년 가을호 발표)

그리운 사람들 39

— 친구 배덕춘 님에게

친구 덕춘(德春)!
처음도 끄트머리도 없는
우리 인생(人生)의 여정
썰물같이 밀려갔다가
다시 밀려오는데
되돌릴 수 없지만…

추억은 향긋하고 아릿한 우정
밀물과 썰물 촉촉한 정(情)이 아닐까.
친우 덕춘아!

여명의 아침 햇살을 받으며
산(山)을 오른다는 소식에
건강한 옛 모습이 간간이 떠올라
내 움막 나지막이 내려앉는 듯
우정(友情)이 더욱 진하게 생각난다.

친우(親友) 덕춘(德春)아!
산(山)과 숲과 물소리가 있는
햇살이 난사하는 아침 등산길
맑고 넓은 진해만의 푸른 물결
천년(千年)의 묵언을 일러주는 장복산

너의 빈 가슴
맑은 공기 쓸어안은 채
봄의 숨소리며
다정(多情)했던 그 마음이며
생각할수록
가득한 정이며 옛 모습을…
영롱한 너의
아름답던 심상(心想)을 담아 본다.

(『문학춘추』 2009년 가을호 발표)

그리운 사람들 40

— 배호숙 선생님께

허구한 날 매달린
삶이 무엇인지
현실 속 섞여 살며 여울에 젖은 그리움

가을 바람소리에 아련히 떠오르는
수선화 같은 당신의 모습
영민(穎敏)롭고 맑고 향기로웠습니까

그— 어느 날 보내준 알약과 한라봉
아이 보듬듯이 품어본 그날들
감사와 은혜를…
침묵으로 가슴을 고르며
당신의 이름을 부르는 소리없는 메아리가
내 작은 마음을 울려서
움막은 쥐 죽은 듯이 고요를 살며시 마신다.

배 선생님이라고 부르면
빙그레 웃고 말이 없습니다.
심지어 부끄러워 옆눈 팔다가
쓸쓸한 고통과 역경뿐이었습니다.

배 선생님께 아픈 몸입니다
님은 하나님의 말씀과

님은 진리의 믿음으로
님은 영생할 은총과 어우러지는
그— 고고한 굳은 마음으로
고귀한 하나님의 참된 자유(自由).
평화(平和)의 화신(和身)이 되시기를…
부디 꼭 쾌거하시여
창공에 참 별이 되소서.

(월간 『신문예』 2012년 1월호, '이달에 만난 시인' 발표)

그리운 사람들 41

— 詩人 변승기 선생님께

3 · 15 4 · 19가 오면
변승기 시인(詩人)의 목소리 들립니다.

낙동강에서 한강으로
무학산에서
삼각산에서 백두대간까지
그— 모질고 독(毒)한 한 시대(時代)
증인이요, 정의로운 시인 변승기 선생님.
민주시민(民主市民)으로 신념(信念)과 인고(忍苦)의 세월에
오늘도 불인정시(不忍正視)의 필봉(筆鋒) 끊임없이
당당한 민주시민(民主市民) 변승기 선생님이었습니다.

시인(詩人) 변승기 선생님!
당신의 장엄하고
엄숙한 비상의 꿈 펼쳐야 할…
지난날의 피와 땀으로
얼룩진 님의 육신의 자취였으며
영혼의 푸르고 푸른
그— 고귀한 역사의 아픔이었습니다.

시인(詩人) 변승기 선생님!
대인(大人)의 영롱한 가슴의 피는
배달민족(倍達民族)의 후예였기 때문입니까?

자유(自由)와 평화(平和)와 민주주의(民主主義) 위해
젊은 날의 기상
수호신의 명령을 위해
초의식(超意識)을 가르치는 시인(詩人)이었기 때문입니다.

시인(詩人) 변승기 선생님!
지략(智略)도 낙천(樂天)이라 하시니
뿌리 깊은 청송(靑松)의 가지 뻗어…

봄이 오면 3 · 15이요
봄이 가면 4 · 19라
상기하자 영원한 역사의 깃발이여!

(『문예비전』 2011년 5 · 6월호 '시의 향기' 발표)

그리운 사람들 42

— 운선(雲仙) 백우범 씨에게

북쪽 평양에서 태어나서
6 · 25 동란에 양친은 전쟁터에서…
두 오누이는 남쪽 땅에 정착하여
독학과 모진 고생 고생 끝에
어엿한 공직(公職) 생활에 터 닦아
30년 공직 끝에 교통사고로
한쪽 눈 때문에 밀려 나온 아픈 세월
장애인 몸으로 눈물로 사는 운명(運命)…

운선(雲仙) 선생은 혈혈단신으로
어느 누구도 돌아보지 않는 세상
도움도 없는 쓰라린 고통
대화를 피하는 타향 땅
운명이여! 하고 혼자 묵묵히
무정하고 냉혹한 세월만 핥고 있다.

가끔 내 사는 움막에 찾아
한(恨) 맺힌 가슴으로 눈물 고인 고향 노래로…
나와 같이 목이 메이도록
맺힌 회환의 한(恨)을 토(吐)해 본다.

가슴에 지우지 못할 여자는
다른 곳으로 떠난 지 수년(數年)

각박하고 이웃들의 냉대 속에서
쓸쓸히 울어 메이는 피눈물로…

돌아선 그녀를 그리워 몸부림치는
운선 백우범 선생의 검게 타버린 심정
오늘도 찾아온 그와 나는
타는 듯 봄볕에 서서
목 놓아 소리 소리쳐
아리랑 아리랑 아라리요— 라고…

(월간 『문학세계』 2010년 8월호, '책 속의 소시집' 발표)

그리운 사람들 43

— 명현 스님(도덕정사 주지)

1

그 어느 누가
세월을 유수(流水)라 말했던가

빈 하늘
인적 없는 산사(山寺)의 풍경소리
초가을 저녁노을에 젖은 채
세월을 뒤로하고
귀밑에 된서리 내리고
주름살 골깊게 산(山)새만 슬피 운다.

머리 깎고 염의(染衣) 입은 지 이순(耳順)에 접어
무량무변(無量無邊) 고행(苦行)의 난간에 서서
다하지 못한 스님의 한(恨)과 외로움
구석진 가슴속에 부처님 눈물을
담아 씻으며 울었던 그 세월이
몇 해였습니까 스님.

서럽고 고달퍼도 눈부신 부처님의 자비
가슴으로 쓸어 담아 불퇴전 인욕으로
스님은 이 밤도 반야의 먹을 갈아
하얀 백지 위에 맑은 마음을 본다

2
마음을 폈다가 오므렸다가
고행수도(苦行修道) 멀고도 아득한 길

하늘같이 높고
땅보다 넓은 달마(達磨)의 불립문자(不立文字)에
청순한 영혼으로
삼천 뼈골 마디마디 수혈하며
밤마다 파고드는 현몽(現夢) 속에
스님의 정성 어린 맑고 밝은 불심(佛心)
작은 소망을 담아주는 달마의 원기(元氣)…

명현(明賢) 스님은 오늘도 내일도
가슴에 먹을 갈아
청산(靑山)에 달을 따다
이심전심(以心傳心) 소중한 마음으로
이 밤도 먹물 향기
밝은 달빛같이 영혼이 흐른다.
명현(明賢) 스님이여!

3
달마도(達磨圖) 천(千) 장을 그린다고
빈정거리는 세상(世上)

명현(明賢) 스님께서는
달마가 죽을 때까지
내가 죽을 때까지
한 목숨 걸고 다시 태어날 때까지라도
마음을 꼬옥 쥐고
인연을 심어줄 스님의 결심.

명현(明賢) 스님 소중한 불심(佛心)
시간(時間)과 공간(空間)에 매달려
참고 고뇌로 가슴 깊게 한 목숨 안고
인연의 자비를 만들기 위해…

극진한 달마의 깨달음
어떤 난행고행(難行苦行)이 있을지라도
스님은 마음 놓지 않고
맑고 밝은 일체유심조(一切唯心造)로
중생제도를 위해
붓 들고 기도하는 정신(精神)으로
한 축 한 축 쌓아가는
진아(眞我)의 순결한 맑은 심상을 본다.

(『이 땅을 빛낸 문인들』 사화집(2003년))

그리운 사람들 44

— 詩人 민병기 박사님께

낡아 간다는 것은
육신(肉身)과 정신(精神)이 텅텅 비어 간다는
세월의 속성입니까?

박사님!
저의 졸작(拙作) "어려운 세상 살더라도"
시평(詩評)해주신 지극(至極)하신 혜심(慧心)
씻길수록 맑은 영혼을 보는 듯합니다.

그 세월도 한 겹 두 겹 늙어
어언 10년 님의 자상하신 정(情)에 겨워
산심(山心)으로 피안(彼岸)을 바라 불러봅니다.

박사님 그리고 시인(詩人)님
그리움에 엉긴 채
움막의 하루 속엔
잠 재우시는 박사님의 문장마다
성음(聲音)에 쌓여 살며
정혼(精魂)의 하얀 빛을 받으며
정결(淨潔)하신 가슴 본받으면서…

홀로 박사님의 지침(指針)에 미학(美學)을
해마다 다가오는 계절 따라

그— 옛날 움막에 오신 파란 기억
겁(劫)이 다 하도록 잊지 않고
그 시론(時論) 담아 살고 있습니다.

박사님!
힘들고 아픔이 있을 때도
마음으로 가슴으로 쓸어 담아
튼튼하신 박사님의 문로(文路)
영원히 간직하며
마음 닦고 조이면서 살겠습니다.

(문학춘추작가회 2010년 15호 발표)

그리운 사람들 45

— 류락형 사돈님께

쓴물, 단물, 짠물. 격동의 시대(時代)
민주시민(民主市民) 재산보호(財産保護)를 위해
불사른 50년의 세월
포근히도 따뜻하신 사돈어른…

그렇게도 고뇌를 짜던 그 마음 위에
나라 위해 지워지지 않은 절박한 시대(時代)
세상(世上)을 달관(達觀)하신 지난날의 회한(悔恨)을
이 글 속에 담아 봅니다.

존경하시는 사돈어른!
언제나 스스로 가슴 낮추시고
추슬러온 보람찬 삶이었습니까?

찬란한 햇살과 꿈
몸부림치던 지난 그날들의 이상(理想)의 포부
굽이마다 아직도 늘 푸른 그 마음
천년(千年)보다 깊으신 의지(意志) 묻어둔 채
망중유한(忙中有閑) 즐기면서 잠잠한 대지(大地) 위에
새로운 인생(人生)을 키우는 소식에
까맣게 뒤척이는 한밤이 그립습니다.

사돈어른님!

그 옛날 서울 문학상 수상하던 밤
소중한 꽃다발 주신 그 정성
가슴 가슴이 시리고 그리운 사돈어른 그리움이었습니다.
내면(內面)의 진실(眞實)과 삶의 보람으로
얼굴을 가려야 함을 저의 마음
언제나 마음밖에 떠나 본 적 없습니다
진정 그립습니다.
사분님과 같이 건강을 빌면서
이 시(詩)를 올립니다.

(월간 『신문예』 2011년 9월호 발표)

그리운 사람들 46

— 소연(素蓮) 詩人께

살며시 가슴을 풀어
살아온 긴— 세월
밤과 낮이 공존하는 삶의 오두막
낮달은 나뭇가지 걸려 울고
해맑은 동심초 같은 소연(素蓮) 시인(詩人)
지금은 어느 하늘의 시(詩) 속에서
독백(獨白)을 채우고 있습니까

속살이 떨어져 빈 껍질에 지친 영혼
아련한 교향곡 같은 소연의 목소리
한밤의 고요가 환상처럼 밀려온다.

비애와 고뇌 그리고 고독과 아픔
가파른 삶의 벼랑 끝에
매섭게도 운명의 바람이 분다.

소연(素蓮) 시인(詩人)
이제 허물어져 가는 거품인 듯
떠도는 구름 같은 삶과 고통의 뒤안길
녹슨 세월에 더덕더덕 붙은 상흔뿐…

소연(素蓮) 시인(詩人)!
서글픈 그리움마저 고갈되어
박제된 채
산마루 오두막 처마 아래 서서…

(『한국국보문학』 2011년 5월호 발표)

그리운 사람들 47

— 유정(有情)에게

미련 채웠던
다정다감(多情多感)했던
그 많은 세월이 갔습니다.

눈빛을 보아도
숨소리 들어도
말 한마디도 그윽한 향기였습니다.

오월(五月)은 계절답게
깊은 산(山)골 아카시아꽃 향기
진한 유정(有情)의 잔잔한 미소며
촉촉이 배인 정(情)이었습니다.

저 먼 오월의 푸른 하늘
언제 어느 때
탐스럽고 영롱한 그날 오려나
빛바랜 옛 사진 한 장
하얀 모시 입은
단아한 모습에 흐르는 정감
흰구름 속에 손짓하는 천사같이
오늘따라 더더욱
텅 빈 영혼을 채웁니다.

(한국신문예문학회 사화집(2014년) 발표)

그리운 사람들 48

— 서미옥(徐美玉) 님께

우리 동읍(東邑)에 하나밖에 없는
은은하고 아늑한 이름하여 초성다방(初星茶房)
문화의 전당같이 지켜온 역사가 있는 곳
30여 편 동운문학(東雲文學) 시화전(詩畵展)할 때
처음 본 주인 서 여사(女史)의 친절과
끊임없이 이어준 소중한 정성과
잔잔히 흐르는 모습에
맑은 서정과 정숙한 작은 미소
타들어 가는 연연한 초성 그곳…
손님들의 웃음과 커피 향기
짧은 칠 일간이
긴— 백날 같았습니다.

거칠고 가혹한 현실(現實)
남이 잘 되는 것 못 보는 냉혹한 세상
제 잘났다고 목이 터져라 외치는 인간들
이기(利己)와 반목을 풀어주는 슬기로운 곳…

서 여사(徐 女史) 님의
깊고 깊은 예의(禮儀) 도덕(道德)의 힘으로
살며시 내려앉는 평화롭고 자유로운
내 고향 초성이여!

하나밖에 없는 문화의 전당 초성은
먼— 훗날 영원히 우리 읍민이 보전하여
문화 속에 살의 향기를 피게 하소서.

(『아시아서석문학』 2011년 봄호 발표)

그리운 사람들 49

— 다향(多香) 서옥련 詩人께

산골 움막
고요롭이 숙성된 지 십수 년
찬 서리 내리는 가을 밤

달빛도 나무에 걸려 내밀한 시(詩) 한 편
외로울 때면 고라니도 바람도 우는데
영영 소식이 없으니
다향 시인의 시를 읽습니다.

이끼 낀 그리움도
국화에 젖은 정겨움도
하얗게 저린 오두막도
두고 간 그— 다향의 고고함도
모두를 앗아간 무정(無情)의 그늘 아래
어설픈 체념만
이토록 떨어져 침묵만 굴리는
바람 같은 세상이라 합니까.

다향 시인!
고령과 움막의 거리 얼마나 될까
벼랑 끝도 아니면서
가녀린 생명 아슬아슬한 절벽 위에서

현기증으로 다향 시인의 시를…
움막 뜨락에 심어 놓습니다.

다향 시인!
시인께 쓴 작품 고이 접어
아슴하게 다시 피어오르는
하얀 옥련꽃 펼쳐놓고
영혼으로 쓴 시 외우면서
연민의 가슴으로 희열에 잠기며…

(월간 『문학공간』 2011년 2월호 '신작특집' 발표)

그리운 사람들 50

— 隨筆家 신상철 박사님께

흥겨운 화음(和音)이 고요히 흐르는
겸허하신 박사님의 "소리 없는 나팔수"
어언 40여 년 전 주신 수필집
보람과 기쁨으로
가슴에 담아 소중하게 얼을 새깁니다.

박사님!
언제 어디서나 당당하신 모습
세상을 밝히는 해와 달과 별
그 내면(內面)의 깊이에 대쪽 같으신 의지
학문의 외길 걸어오신 성상(星霜) 얼마였습니까?

선비정신으로 생애를 바치신
진리의 의미를 추구하신
고고로운 학(鶴)같이
순수무구한 수필의 미학적 의식
예리한 관찰력과 철학
꽃을 피우듯 오묘한 구도의 모습이었습니다.

박사님!
대학식당에서 정(情)을 담아
촉촉이 적셔주시던 은혜로운

아들 결혼 주례사(2004. 11. 28.) 하셨던 날…
평생에 잊지 못합니다.

박사님!
그— 먼 훗날 움막까지
어려운 걸음 하셨던 날.
저의 첫 시집 출판기념 날.
박사님의 자랑스런 그날들을
하늘처럼 소망이 닿는 듯합니다
지금 건강은 어떠하신지
부디 정정한 삶에 만수무강하소서…

(『한국문인』 2010년 8 · 9월호 발표)

그리운 사람들 51

— 詩人 신찬식 선생님께

님의 작품은
푸른 대밭 속에서
옹달샘물처럼
퐁퐁 솟는 맑고 청정한 일급수(一級水)였습니다.

신 선생님!
"탄피" 시낭송을 창원대학에서 들었습니다.
님의 시(詩)와 정신세계와 바탕
역사란 시간적 공간적 영역 속에서
분단 상황의 "탄피"
Humanism(인도주의)이며 Realism(실재론)을
이 정신에 바탕을 둔 시론(詩論)

깊은 산골 난(蘭)의 향기와
산(山)의 높은 뜻이
산(山)같이 푸르름을 그날 보았습니다.

냉혹한 현실 아무도 돌아보지 않는
전쟁의 녹슨 잔해 "탄피"
님께서 고뇌의 화두로 걸러 낸
곱게도 다듬은 "일상의 찬미" 시집(詩集)
튼튼한 시초(詩抄)의 처절한 감미(感美)며
그것은

철학(哲學)이요 범주를 초월한
시세계의 등불입니다

인기 작가는 있어도
우수 작가는 없는 이 현실
상업적 인기 작가가
우수 작가의 월계관을 쓰고
군림하는 현실은 누구의 탓입니까?

선생님!
지금 하늘에 어느 별에서
시혼삼매(詩魂三昧)에 젖고 있는지…
움막에는 님의 소리에
녹슬은 그날 탄피를 줍고 있습니다.

(월간 『문학세계』 2010년 8월호, '책 속의 소시집' 발표)

그리운 사람들 52

— 巴城 설창수 선생님께

정한(情恨)이
다함이 없는
님
심상(心想)을 그려 봅니다.

선연한
서광(瑞光) 같은
님의
예술혼(藝術魂) 어디 가랴만…

님 깃발
불꽃이 되어
님의
순백(純白)의 표식(表識)입니까?

南가람
도도한 듯
님의
품성 상계(上界)에 심의(心義)로운 채

부푼 승리(勝利)의 면류관
지엄(至嚴)스러 살아오신 님이여!

영혼 하나 영겁(永劫)토록
핏줄은 청수헌(聽水軒)에 흐른다.

(문학춘추작가회(1998년) 5호 발표)

그리운 사람들 53

— 詩人 성기조 박사님께

너무나 높고 높아서
우러러 뵈옵기 분에 넘치는 마음

그— 엄숙하신 품위(品位)와 지명지시인(知名之詩人)
고아(高雅)하신 청학(青鶴)이시며 높으신 덕망(德望)
문단의 보석(寶石)이요, 빛나는 시(詩)의 세계(世界)…

박사님!
시(詩)와 학문(學問)으로
험악한 이 현실(現實)에 소외된 이들에게
불굴(不屈)의 시(詩)의 미학(美學)으로
귀를 뚫어주며 시(詩) 소리로 새겨주신 고고함이여!

다겁(多怯)토록 청사(青史)에 남을
시론(詩論)과 상상력의 철학(哲學)과 지론(持論)
문단과 대학 강단과 문학(文學)단에서
님의 영달과 이익보다
티 하나 부끄러움 없이
모든 이에게 듬뿍 주신 향기로운 미덕(美德).

박사님!
뚱그렇게 모 없는 세상
삶의 시(詩)와 영혼의 소리
영원히 다하도록
잊지 않게 들려 주소서…

(『문예운동』이 가려 뽑은 국민시집(2010년 5월))

그리운 사람들 54

— 손영자 詩人님께

말은
눈썹으로 하고
홀연히 눈으로 미소 짓고

봉숭아 빛깔 같은
고운 얼굴
살결은 하얗고 뽀얗고

시상(詩想)은 해맑고
환상의 꿈으로 엮은
자유(自由) 그리고 평화(平和)로운
오직 영혼의 내면(內面)세계였습니다

낡은 소쿠리에 담아
세월 속에서
시(詩)세계를 위해 고해성사를 합니까?
손 선생님…!

선생님!
님의 시(詩)는 늘 한가롭고
여유 있는 시간과 면상을 보는 듯했습니다.

그것은 긴장마저 풀지 못한 바쁜 일에
틈틈이 경험 속에 풀어본 시 였으며
“스토아” 철학을 철저하게 규명하였습니까
두고두고 가슴에 새겨 읽어야 할
손 시인(詩人)님의 은은한 심성
언제나 고스란히
영혼을 새겨 놓습니다.

(『한얼문학』 2011년 12월호 발표)

그리운 사람들 55

— 동서화랑 송인식 선생님께

수수만년(數數萬年)토록
뿌리 깊은 나무숲은
늠름하고 품속마저 아늑한 곳엔
새도, 나비도, 잠자리도, 사슴도,
해도, 달도, 별도,
저마다 갈고 닦아 빛나게 남기고 간
그것은
진실로 공정한 심신상 귀결에
정신문화의 산실 "동서화랑"
송 선생님의 촉촉하고 아늑한 화방
따스로운 영혼의 안채였습니다.

선생님의 연분홍(軟粉紅) 산호(珊瑚) 같은 마음
햇살처럼 여울져
무학산 찬란한 노을 빛이요,
밝은 달빛에 마주치는 여인(女人)같이
참으로 자비(慈悲)로움에…
어히 신선(神仙)에 비하랴.

선생님!
팔순(八旬)이 넘도록 글과 그림과 모든 예술품에
청백리(淸白吏)에 꿋꿋하게 안은 채
그것은

월인천강(月印千江)이라 했던가…
올올이도 맺힌 깊고 깊은 두툼한 심성

끌고 온 팔순(八旬)의 세월
알찬 열매 탐스럽게 남기신
“동서화가상(東西畫家賞)” 제정하신
이 나라 화랑의 선구자
그 꿈으로
곧은 그 길 향해
오늘도 삶의 쓰린 흔적 쌓일수록 더더욱
한없이 아름다운 가슴에서…

(월간 『문학세계』 2010년 8월호, ‘책 속의 소시집’ 발표)

그리운 사람들 56

— 안선자 님께

산(山)여울 아름다운 금병산 기슭
침묵의 대지(大地)
힘겨운 삶의 문을 열어
신선한 생명을 파는 여인의 눈빛
지친 숨 고르며 마부산(馬釜山) 14호 국도변.

잉잉 거칠게 달리는 자동차 바람소리
야위운 손 거두어
좌판에 묻은 감(甘)을 담아
기하학적 정밀하고 아름답게
섬세한 안선자 님의 손끝마다
말 없는 작업 속에
뜨거운 묵시의 세상을 보는 듯
이것이 인생이 살아가는 운명입니까.

안선자 님!
도로변 좌판 위에 삶이 있다는 세상
당신의 사념(思念)
각박하고 냉혹한 현실의 진한 눈물
거대한 삶의 보람의 벽을 넘어야 한다는
투명한 진실의 수정 같은 보물을 봅니다.

안선자 님!
오늘보다 멀리 더 높게 날 수 있는
당신의 영토를 가꾸는 그날을 위해
노력으로 힘을 다 하는 날엔
장미꽃보다 더 아름다운 꽃피는 그날
자록한 삶이 한 편의 행복한 실바람이
언제나 따스한 꽃붓으로
가정의 별자리 그려가며
맑고 고운 눈 뜨게 하리라 합니다.

(월간 『문학세계』 2011년 12월호 연재)

그리운 사람들 57

— 엄주섭 태양비료 사장께

허허로운 들판 황무지
검은 천막 비바람 눈보라 속에서
오뉴월 염천(炎天)에 타는 천막에서
육신의 진을 뽑는 고통에서
눈물 속을 담아내는 결심에서
무너지지 않는 삶이 되고
불빛이 되게 함이여!

엄주섭 사장님!
수많은 고진감래(苦盡甘來)로 굳은 뜻 하나로
소중한 삶의 보람을 피나는 태양(太陽)비료 증산
그— 비료가 농민의 온기를 담게 함이며
농민의 보람과 희망을 주게 함이며
끈끈한 당신의 인내와 신념을 갖게 함이로다.

북풍한설 휘몰아치는 이 음동에도
우주의 운기와 함께하여
영원(永遠)을 담합하는 보람찬 내일(來日)
하늘 가득히 용기와 기백을 안고
살아온 수십여 년의 역사 깊이 간직하소서.

엄주섭 사장님!
육신은 망망한 들판 위에 설지라도
야무친 가슴 여울져 흐를 것이요
빈[空] 날의 염원(念願)을 채워 이루어…

한 마리 개미의 더듬이로
찾아온 순수한 농민을 위해
스스로 샘물에 목 축이게 하여
태양(太陽) 글자 그대로
태양(太陽)이 솟은 풋풋한 엄 사장의 결심
영원히 태양(太陽)의 깃발이 되게 하소서

(영남 〈매일신문〉 2011년 11월 30일 발표)

그리운 사람들 58

— 양영숙 선생에게

신록에 싸인 오두막
시름 겨운 어느 날
전화 울음소리에
훈훈한 그때 그 사람…

양 선생 모습 따스한 목소리
화사하게 핀 여름꽃 산기슭
세월의 흔적이 환히 돋아나
잡고 싶었던 끈끈한 정(情) 하나를…

양 선생님!
담아 준
눈과 입과 마음 묻어둔
그것은
후벼 파는 물소리 바람소리입니까
아니면
사철을 가두어 놓은 그리움에
세월 속에 걸린 정(情)이었습니까

선생님
비를 맞은 오두막엔
산새는 시(詩)를 읊고

흐르는 물소리는 한(恨)이 서린
아리랑타령으로 밤만 깊어 갑니다

선생님! 목이 쉰 고독의 울타리에
질긴 그리움을 돌돌 감아 봅니다.

(월간 『문학세계』 2011년 9월호 발표)

그리운 사람들 59

— 隨筆家 양해광 선생께

님의 맑고 밝은 뜻이사
단백석(蛋白石)같이 청초(淸楚)한 정신세계(精神世界)

대산(大山)의 정기(精氣) 서린 기품(氣品)
한 영혼을 다 받으신
그— 어질고 순순한 심성(心性)
방방곡곡(坊坊曲曲) 면면촌촌(面面村村)
기록된 영상실록 1권 2권 3권…

한(恨) 많은 조상(祖上)의 얼과 삶의 역사(歷史)를
읽고 읽을수록 깊고 깊은 님의 철학(哲學)

평생(平生)토록 공직생활하면서 틈틈이
갈고닦은 손때 묻은 사진과 글
애환이 담긴 자료 수집한 수십만 종
그때 그 시절 민속 박물관을
이 세상(世上) 어느 뉘가 할 수 있으랴
하 많은 날도 잠시도 머물지 않고
연구하고 탐구한 실록의 귀(貴)한 작품(作品)
진실(眞實)한 창작(創作)과 이상(理想)의 비전
영달과 이익을 모르시는 마음 하나
오—직 나라의 역사와 향토의 생생한 역사
겨레의 혼(魂)을 담아온 영상실록

양해광 선생님의
도도한 철학과 비전과 사관(史觀)
반질반질하고 고요한 사고력
아! 이 나라에 영원토록 빛내소서.

(문학춘추작가회 2010년 15호 발표)

그리운 사람들 60

— 연동택에게

마룡마을 마른 바람
지붕도리 밖에 걸려 울고

퍼붓는 염천(炎天) 햇살
연동택 가슴과 가슴이
그— 얼마나 탔을까?

석양 노을 덮은 속가슴
깊고 깊은
참을 인(忍) 자 지켜 오신 지 몇 해였습니까

감나무밭 비탈진 숲
야무친 살림살이에
부군(夫君)의 내조(內助) 혼신을 다하시며
아려오는 가슴 가슴에
굽이굽이 얼마였습니까

피와 땀이
휘어지게 수확한 곡식
움막에 두고 가신
그— 따뜻한 은혜 어이 다하랴!!

붉은 햇살에 새겨진
자국소리도 남김없이 가버린
그 모습 그립습니다.

(월간 『신문예』 2010년 11월호 발표)

그리운 사람들 61

— 오금순 회장님께

옛 가야(伽倻)의 땅
오상고절(傲霜孤節) 다하도록
찬란하게 피는 한 송이 꽃 있으니
그 이름하여 가야문화사랑회가
메마른 땅 위에 뿌리 깊게 내렸습니다.

폭풍우가 있는가 하면
찬 바람 눈보라도 있었고
어느 때는 고뇌도 눈물도 있었고
존경하는 여러 회원님들의
정한(情恨)에 가슴 열고 여태 지켜온 가야
"오금순" 회장님의 야무친 지론(持論)과 사관(史觀)에
오늘의 "가야문화사랑회"였습니다

이제는 옛 문화 창달과 전통 발전을 위해
국화 뿌리같이 깊숙이 뻗어
잎과 꽃이 온 가야의 벌에 피어
봄에는 꽃과 나비가 피어나고
여름에는 이들이들 무성하게 크고 커서
가을엔 알차게 송이송이 영글게 하여
언제나 변함없는 화합단결하여
회장님의 단단한 비전의 철학과
도톰히 살찌게 단합하기를 바랍니다.

회장님!
가야문화 깊은 신념과 바른 역사와
천년(千年)의 역사(歷史) 가야의 아름다움을…
가지마다 줄기마다
보람이 가득하기를
한결같이 행복이 넘실대는 가야!
가야인(伽倻人)의 긍지로 발전하는
여기 한 여성의 깃발의 함성을 들어 보자!

(월간 『문학공간』 2010년 7월호 '이달의 시인' 발표)

그리운 사람들 62

— 詩人 오미리(五米里) 선생님께

이 땅에 시인(詩人) 한 분이
기산지절(箕山之節)* 같은 고사(故事) 시어(詩語)로
시민사(市民史)를
마산포(馬山浦)항에 연등같이 곱게 띄운
그해 1983년 시민사 시인 오미리였습니까.

백자화랑 시화전(詩畵展)에
화가(畵家) 유택렬 그리고 허청륭 화백(畵伯)
진솔하고 담담(潭潭)한 시인의 소리 뜻 펼쳐
편견도 악의(惡意)도 없는
억압의 파편이 쏟아져
순수를 더렵혀지지 않고
절제와 경건한 참 진실 하나로
살아 숨 쉬는 당신 같은 시인(詩人)
편안을 주는 악재(樂才) 같은 시인이였습니다.

오미리(五米里) 시인(詩人)님!
말[言] 많은 세상(世上) 바람 잘 날 없는
시민사(市民史)의 현실(現實)
슬펐던 그날 울어본 시인이여!

모순이 모순을 먹고
도둑이 도둑을 잡아 먹는 세상

신념(信念)의 목걸이 하나 시민사에 걸고
나지막이 떠오르는 시인님
저 가슴에 묻어놓고
눈부신 햇살 시민사를 읽고 있습니다.

＊기산지절(箕山之節) : 허유가 기산에 숨어서 요의 양위를 받지 않고 절개를 지켰다는 고사, 신념에 충실함을 비유함.

(월간 『신문예』 2012년 1월호, '이달에 만난 시인' 발표)

그리운 사람들 63

— 詩人 오하룡 선생님께

참으로 많은 세월이 갔습니다.
가끔 산문(山門) 밖으로 나와
두 발바닥밖에 벗어나지 못한 병(病)
오두막 기대어
산(山) 넘어 마산포(馬山浦)에 사시는 님을
그리워짐이 포동포동 합니다.

오 시인(詩人)님!
햇무리 피고 지는 어느 오후
남해고속도로 물도 흐르고
고랑길 따라 외딴 오두막에 왔던 그때
생각하면
온 가슴이 환해지며
소스라치도록 감격을 금할 수 없습니다.

詩人님!
형상 속에서 형상을 좇듯이
괴팍스럽고 눈꼴사나운 현실일지라도
당신의 굳은 의지(意志)
어둠을 밝혀 주는 불씨 같은 집념
"작은문학" 발간에 문학(文學)의 정립을 위해
지방문학일대사(地方文學一大事) 개혁과 변화
그— 헌신하는 열정

향기가 배어 나오는 그날 위해
날로 해보다 더 보람이 되기를…

시인(詩人)님!
비록 이름이 "작은문학" 이지만
꽃은 피는 것만큼 아름다움이 없는 것처럼
독자들에게 꽃과 소금이 되고
잠든 의식세계를 흔들어 깨워주소서.

(월간 『문학세계』 2011년 10월호 연재)

그리운 사람들 64
— 의사 오학술 박사님께

언제나 보아도 훈훈하시고 고요한 다정(多情)
일생(一生) 다하도록 생명(生命)을 위한 정신(精神)뿐
자상하신 웃음으로 수놓은 진영읍
영원히 잊지 못할 눈부신 태양(太陽)같이
가슴 맑고 밝으신 오 박사님
여기 읍민들 모두가 "오학술의원"이라고 애찬하노니
얼마나 유명하랴!

새로운 미래(未來)를 위해
감추셨던 박사님의 의학연구 고심 뉘 알랴.
의사제복 벗으신 팔십 노구
먼— 금병산 바라보시는 쓸쓸한 인생무상(人生無常)을…
염주처럼 꿰맨 듯
박사님의 찬란했던 역사를 새겨봅니다

박사님! 목이 쉬도록 불러 봅니다.
어느 때는 고운 한복으로
붓을 움켜쥐시고 종횡무진(縱橫無盡) 필력(筆力)
그것은 박사님의 락도한거(樂道閒居)였습니까

대지(大地)를 아롱새기는 영혼의 숨결
불꽃같이 치솟은 그— 담담하신 정신세계
이 나라 제민(濟民)을 위한 숭고하신 구민(救民)정신

밝고 맑은 세상이 올 때까지 함께하자고 하신 말씀에…
반세기(半世紀) 긴— 세월 속에
영원히 읍민(邑民)을 위한 가슴엔
박사님의 불멸(不滅)의 비(碑) 새기면서
감히 이 졸시(拙詩)를 띄웁니다
언제나 건강하소서.

(〈진영신문〉 2011년 7월 15일 발표)

그리운 사람들 65

— 詩人 윤제철 선생께

여명은 아버지 기침 소리에서
하루의 하늘이 열립니다

님의 작품엔
카랑카랑한 심혼(心魂) 그것은
힘찬 마하(Mach)* 초음성 진한 시심(詩心)
온누리의 소리였습니까…

짧은 만남에서
긴— 인연으로 가는
그것은
지혜를 베푸신
님의 문학산실이었습니다.

선생님!
돌아보면 아쉬움에 젖은 마음
남은 세월 언제 다시 만날까…
하는 그 아쉬움
아픔이 그리움이 되듯이
희디흰 달빛에 걸린 고독은
적막한 움막 긴— 사색으로 님 불러봅니다.

노심초사(勞心焦思)로 문학세계 편집에
가슴으로 빗질하는 순간 순간마다
영원을 꿈꾸는 선생의 혼(魂)이어라
건강한 생명의 소리 듣게 하소서…

* 마하(Mach) : 유체(流體)의 속도를 그 속에 전파하는 소리의 속도로 나눈 수 단위.

(월간 『문학세계』 2010년 8월호, '책 속의 소시집' 발표)

그리운 사람들 66

— 이교희 도의원님께

옛 세월은 갔지만
남은 추억을 살아 숨쉬기에
맑고 밝은 그리움에
가슴으로 묻어둔 정(情)으로
끈끈하게 뒤엉킨 지난날의 꿈을 키워봅니다.

이교희 의원님!
님은 어느 때는
영혼의 날개가 되게 하였고
믿음의 표상이었으며
님은 어느 때는
노력과 성공의 상징이었으며
젊음에게는 버팀목이었으며
님은 어느 때는
화합(和合)의 손결이요, 우정(友情)의 심벌(Symbol)이며
고목(古木)의 그늘이었습니다.

이 의원님!
평생(平生)토록 가슴에 품었던
정의(正義)로움이 한 치의 오차도 허락지 않고
불의(不義)와 허황된 생각들
가차없이 잘라버린
그 깊은 속마음 뉘가 알랴!

이천십일년 칠월 삼십일 밤
전시장 바르게 살펴주신 날
곧은 눈빛으로 세상을 자[尺]로 잰 듯이
먼 곳도 가까이 아루는 긴 안목
당신께서 둥근 세상 넉넉하게 살아온 길…

난 새삼 흩어진 마음 모아
님의 화사롭고 고운 심성의 향기 얻어
사념(思念)을 칭칭 감아
이 졸시(拙詩)를 띄웁니다
부디 건강하소서.

(월간 『문학세계』 2011년 9월호 연재)

그리운 사람들 67

— 詩人 이광석(李光碩) 님께

모시옷 올 사이 스치는
여름바람인 듯
실비단 나빌레 같은
오묘한 시심(詩心)가락이 흐르는 시인(詩人)이여!

영달과 욕심
아집 앞에서는
차가운 석고상처럼
자신(自身)을 가두어 넣은
순수한 생피가 약동함을 보았습니다.

향기(香氣)로운 선홍 같은 피의 빛깔
곱게곱게 물들여진
혼탁(混濁)한 이 시대(時代) 존귀(尊貴)함을 보았습니다

위아래 수직선 인간관계
능동적 리더십
포용력이 강하신 휴머니즘(Humanism)
포근한 정감인 듯
혈육의 정(情)으로 소복소복 쌓임을…

지난 먼 날 마산일보 시절에서
반백이 넘도록 못 잊어져

어쩌면 닿지 않는
깊으디깊은 심연
저에게 피가 되고 살이 되도록…

그 유장한 흐름과
웅대한 사상
대[竹]침을 찌르듯 정곡(情曲)의 말씀
가슴이 바싹바싹 삭아져 갑니다
선생님…

내 존귀하신 시인(詩人)이여!

(1997년 월간 『문예사조』 10월호 발표)

그리운 사람들 68

— 詩人 이광남 선생께

오두막 한 칸 빌려
산에 묻힌 한밤
칭칭 감아 놓은 고독이 터질 듯이
작고 밉게 생긴 고요에
시인(詩人) 이광남 님을 가슴으로 풀어 봅니다.

지난 남해(南海) 마늘축제 시백일장(詩白日場) 가는 날
차(車)를 타고 오고 가는 날
한나절 동반자(同伴者)의 꿈만을 고이고이 담고
영원(永遠)한 그 길 위에 가고 있는 듯
손짓이 귓속말로
따스한 설화(說話)가 시인(詩人)의 참모습이었습니다.

이 시인(李 詩人)님의 작품(作品) 중에
"니끼 내끼고 내끼 니낀니라"
방언(方言)의 시어(詩語)를 읽고
낡은 검정고무신으로 만리(萬里)를 가는
옛 추억의 눈물겨운 추억을 보았습니다.

이 시인(李 詩人)의 순수와 고요
신선한 가슴 속에 소요 보는 듯
널따랗게 그려낸 작품의 사유
그것은

풋풋한 생명(生命)이
늘 살아 있음을 보았습니다.

이 시인(李 詩人)님!
시심(詩心)의 갈증이 덧나는 날
언제나 웃음이 날 때는
남천강 강물같이 늘 푸른 송림(松林)같이
그곳 아름답게 사소서…

(월간 『문학세계』 2011년 9월호 연재)

그리운 사람들 69

— 거창 이광수 선생님께

보해산 깊은 골 물소리 풀벌레 소리
자부름한 옛 기와집 정감
달빛 고요한 무대 위에 한 폭의 동양화
떠오르는 무릉도원에 별유천지비인간(別有天地非人間)
진귀(珍貴)한 풍류정(風流亭)이 참 좋았습니다.

이광수 선생님!
찾아온 모든 분들의 분노도 아픔도
말 못할 원(願)도, 한(恨)도 다소곳 떠오릅니다.

그 많고 많은 꿈
사랑과 낭만과 한바탕 술잔도, 불꽃도,
밀어올리는 뜨겁게 안고 피우는
늠름하고 넉넉한 당신의 이상세계(理想世界)
전설 같은 보해산 풍류정이었습니다.

이광수 선생님
송학(松鶴)이 목을 빼고
깊고 푸른 세월에 사는
구슬픈 소리
당신의 한(恨)으로 묻어 둔
이곳에 사는
풀 수 없는 신선 같은 인생(人生)이여!

깊은 겨울 산 하늘을 끌고 가는
당신은 외기러기였습니까
참으로 그립습니다.

(월간 『문학공간』 2013년 3월호, '이달의 시인' 발표)

그리운 사람들 70

— 詩人 이덕 선생님께

선생님의 깊은 사정
낱낱이 모르지만
살며 살수록 깊은 정(情)에 못 잊어
어쭙잖은 한 인생(人生) 그리움입니다.

선생님
훤칠하신 모습에
야무친 풍모(風貌)에 맑고 투철하신 정신
줄기줄기 넘쳐 흐르는 시세계(詩世界)
천년만년풍상(千年萬年風霜)이 어우러져 쌓인 시구(詩句)
세월 따라 흐르는 구름 같은 시인(詩人)의 멋
선생님 작품(作品)을 대할 때마다
눈 녹듯 가득히 밝혀주신 님이었습니다.

선생님!
창원에서 백리(百里) 조금 될까 말까 한 진주
그리운 마음, 뵈옵고 싶은 마음,
시간 속 창(窓) 틈으로
밀려드는 시린 마음입니다.

"칠순(七旬)에 핀 꽃" 시를 읽고
실빛 같은 바람에 밀려온 햇살 담아

남은 여생 아름답게도
사모(師母)님과 복락(福樂) 연연불망(戀戀不忘)을 보시며…

넉넉하신 선생님의
천만조석(千萬朝夕) 누리신 모습
휘어휘어 한 세월을…
선생님 시사(詩史) 속 근사(近似)하오리까?
불후(不朽)에 남을 선생님이시여!

(월간 『문학세계』 2010년 8월호, '책 속의 소시집' 발표)

그리운 사람들 71

— 이동병 씨에게

그날 비오는 오후였습니다.
험한 산길 움막 문 열면서
아늑한 웃음, 맑은 마음
이동병 씨의 눈빛과 밝은 음성
"책이 왔습니더, 와 이래 무겁소"
호흡에 겹쳐지는 숨가쁜 소리
움막 공간 침묵이 고요한 인정(人情)이 흐른다.

이 산골까지
보람을 안고 산다는
동병 씨 발끝에서 인생의 삶이
새삼 가슴으로 은은히 피어오릅니다.

험준한 움막 오는 산길
불평불만 하나 없이
나라 일이라 할지라도
초지일관(初志一貫) 봉사하는 동병 씨 마음.
다시 없는 고마움과 감사함에
가슴 숙여 멍— 하니 바라보는 동병 씨 모습
오늘도 그리운 동병 씨를 기다립니다.

이동병 씨!
적막한 순간마다 떠오르는 모습

웃음과 다정한 여운을 움막에 남겨둔 채
또 내일을 기다려야 할 운명일까.

나는 오늘도 우편물 가져올
이동병 씨 마주 볼 꿈으로
기다림에
소리 내어 불러봅니다.

(월간 『문학공간』 2011년 2월호 '신작특집' 발표)

그리운 사람들 72

— 이말식 님께

따뜻한 구들방 아랫목에서
옛 정(情)을 그리며 얼굴 맞대고
정한(情恨)스러운 소주 한잔 나누며
저물어 가는 이 한 해를 보내고 싶다.

이말식 이사장!
가슴속 깊은 슬픔 하나가
눈물만큼 젖어드는 죄(罪)스러운 것은
당신께서 몸져눕고 있을 때
문병 못 간 내 시린 가슴은
세월의 강(江) 너머 쌓인 연민의 정(情)

주지도 못한 정(情) 때문인가
받지도 못한 사랑 때문인가
앓고 있었던 당신의 모습
생각마다 더욱 절박하게 묻어나는
지울 수 없는 회오(悔悟)의 자국들…
목마름이 아프게 스며드는 마음뿐.

세월이 갉아먹은 옛 추억
이사장!
더욱 곱게 건강하게
우리는 그리움에 색칠하며
칠순(七旬)의 세월에 섰으니 몸 보전하소서.

(월간 『문학공간』 2013년 3월호, '이달의 시인' 발표)

그리운 사람들 73

— 이복근 선생님께

흩어진 구름 사이 흐르는 적막
고요로운 움막 달빛
인적 없는 외로움에
홀연히 선생님과 모친 그리움이었습니다.

옛 마산에서 김해로
지금 부산서 조용히 소요하며
삶의 진실을 위해 살아온 선생님의 영혼입니까?

스쳐 지나가는 가을바람 붙들고
시월(十月) 상달 아래서
지난날 빛바랜 꿈과 이상(理想)의 향기를
애꿎게 긴— 회한(悔恨)을 토(吐)해 보시는지…

항상 마음 추슬러야 하는 선생님의 심창(深窓)
옛 은행장 시절
맛나게 지난 시절(時節) 그려보면 볼수록
지금까지도 당당한 기백
그것은
선생님이 청백리(淸白吏) 철학(哲學)의 신념(信念)였으며
명백하고 투명한 행정가로서의
결백한 당신의 심성이었습니다.

이복근 선생님!
늘
송죽(松竹) 같은 건강한 가슴으로
순백의 가슴 위에 삶을 아름답게 그리며
어머님, 사모님 다복(多福)을 누리면서
세파에 찌들린 삶 버리시고
한 점의 티 없는
하늘 같은 마음으로 사소서.

(월간 『문학세계』 2011년 11월호 연재)

그리운 사람들 74

— 이봉현 선배님께

칠순(七旬) 동안 한눈팔지 않으시고
오로지 한결같은 마음 하나로
논두렁 밭두렁 험난한 외길로…
참고 이겨낸 선배님의 보람
새삼 가슴 깊이 새겨 봅니다.

선배님!
자연(自然)의 섭리(攝理)에 따라
사시사철 흙을 떠나 살 수 없다는
선배님의 굳굳한 신념(信念)과 의지(意志)
이런 것이 농부의 투지요
평생토록 흙내음에 순수무구한 마음으로
대지(大地)의 생명(生命)을 하늘 붙들고
선배님의 영혼의 눈빛을 보는 듯합니다.

잠시 가슴에 담은 말씀…
혼자 생각할수록
저의 부끄럼이 숙연해집니다.

비록 농촌에 묻혀 흙밖에 모르시지만
언제나 생각이 깊어지고
잔잔한 웃음과 예의바른 심성과

인품과 지도력 우러러보면 볼수록
고고하신 모습 그리워집니다.

선배님!
이 나라 농촌에 젊음이 떠나셨어도
흙을 지키시는 찬연한 업적 하나하나가
농촌의 새로운 비전 수놓으시며
저 넓고 풍요한 들녘마다
더더욱 다함이 없으신
선배님의 모습 그립습니다.

(월간 『신문예』 2010년 11월호 발표)

그리운 사람들 75

— 이수홍 선생님께

입추(立秋)와 백로(白露) 사이에 있는 처서(處暑)라.
옛말로 처서에 비가 오면
뜻하지 않은 재앙이 들어 흉년이 든다고 하니
이수홍 선생님
농사는 어떠한지…

가슴이 시리도록 하얀 속살
선생님의 그— 맑고 밝은 마음
순수하고 예의(禮儀)바른 유림(儒林) 속의 선비
"두보"의 시(詩)를 읽은 모습 보인 듯합니다.

이수홍 선생님!
세상 살면서 길이 아니면 가지 않는
심연(深淵)에 핀 꽃소리 듣는 듯
이치와 도리를 일깨워주는
보면 볼수록 저절로 터득케 하는
그— 마음 밝히는 선비의 등불입니까

먹구름 비바람 휘몰아쳐 농사를 망쳐도
그 의연한 칠순(七旬)의 굳굳한 의지요,
잔잔한 침묵에 나래를 접은
선생님의 숙연한 마음가짐이

그것이
선비의 인내요, 정신입니까?

같은 동읍(同邑) 같은 하늘 아래서
잘 만날 수 없는 세월에 걸려 사는 인생련가.
선생님! 험난한 현실에 부디 옥체보존하소서.

(한국신문예문학회 사화집(2011년) 발표)

그리운 사람들 76

— 음악가 이상래 목사님께

마른 나뭇가지 매인
낚싯줄 한 가닥 엮어놓은 “바이스틱” 악기
세상에 하나밖에 없는 손수 제작된
그— 악기에서 피워내는 신비로운 선율
하나님께서 주신 은총의 악기였습니다.

조용 아주 조용히 울려 퍼지는
눈웃음 웃은 아기 예수 젖은 꽃이요
깊은 꿈속의 숨결이요
목숨이 다하는 날
영혼 속에 흐르는 생명의 소리였습니다.

목사님. 2011년 7월 30일 전시회 밤
님께서 불타는 활화산 같은 사람의 힘으로…
먼— 길 마다하고
소리 없이 와 주신 목사님
많은 사람에게 하나님 사랑 심어놓고
칭칭 동여매 주신 은혜로운 정성
그것은 목사님의 질긴 쇠줄보다 귀한 전시회 밤이었습니다.

목사님! 님께서 주신 향긋한 은혜…
참 그 마음을 평생 먹고 남음직한 추억.
온누리 사루워도 다 못할
소리 없는 소리 온 가슴으로 묻어 놓습니다.

(한국신문예문학회 사화집(2011년) 발표)

그리운 사람들 77

— 이선희 님께

거칠고 냉혹하게 포효하는
권력자(權力者)들의 이기주의(利己主義) 표심(表心)
마음 다하도록 외쳐도
후련하지 않은 절규와 분노

선거 끝난 전야는 고요하지만 그러나
소주, 맥주 퍼마시는 졸개놈들
미친 개처럼 날뛰며 고함소리 삼삼하다

줄탁동시(啐啄同時)에
세상(世上) 밖으로 나온 새끼놈이
눈부신 세상사(世上事)를 무엇을 알랴!

가냘픈 여성(女性)의 몸으로
평생(平生)토록 한마음 한뜻으로
영세농민의 피와 땀
쓴 맛, 단 맛, 짠 맛으로 근무한 그녀를
소갈머리라고 없는 고놈의 낯짝
"어떤 잘못으로 쫓아냈는지"
"행정(行政)의 질(質)과 수준(水準)의 미달인지"
"내 편이 아니라는 색깔론(論)인지"
"아니면 부정(不正)이 있었는지" …

부족한 점에 대한 일이라면
반성과 만회(挽回)의 기회의 시간(時間)도 없이
평생을 바쳐 온 직장 내치는 독존
'권불십년(權不十年), 화무십일홍(花無十日紅)' 이 뜻을 알아야…

상무님! 그 비겁한 자(者)
지금도 아가리 벌리고
바람(선거)잡고 굽실거리며 용천하는 꼴불견

전무님의 가슴속 농민의 피땀 배인 소리
오늘의 일은 되뇌이지 마시고
굳굳한 마음으로 그날이 올 때까지…

(『한국국보문학』 2012년 3월호 발표)

그리운 사람들 78

— 詩人 이선관 선생님께

흥겹던 선율(旋律)이 흐르던
골목길 고모령 풍요롭고 참 좋았던 곳
지난날 당신의 뚜렷한 흔적과
창동거리 허수아비 시(詩)의 결실(結實)에
원대한 꿈을 펼쳐 살아온 자취
그 얼마나 피와 땀이며
늘 뜨거운 이념적(理念的) 시심(詩心)이며
가꾼 님의 필봉(筆鋒)이었습니까

시인(詩人)님!
얽히었던 가슴팍의 절규
대쪽 같은 장인(匠人)의 의지(意志)와
외길 걸어온 68년의 성상(星霜)
단내 나는 정액이 아련한 세월에
움막에서 술 취고 자고 간 기억…

씨알의 소리 터져나온 "헌법제일조" "애국자"
그것은 빛과 소리요
아픔의 절규요 함성이다.
이따이 이따이 독수대(毒水臺) 소리
모두가 소금 같은 시(詩) 어디 두고
묵도(默禱)의 세월을 어디에서 보내고 있는지
님아!

정겨운 사연 담아
다독이며 기약 없이 영혼을 태운다.

(문학춘추작가회 2010년 15호 발표)

그리운 사람들 79

— 이승연 선생께

야무치고 따스한
불심자비(佛心慈悲) 그 믿음 하나로 밝혀
산사(山寺)의 여인이었습니까?

담쟁이넝쿨보다
인욕의 핏발같이 손발이 저리도록
맑은 가슴 하나로
한밤이 다하도록 인등의 심지였습니까?

그것은 절박한 인생의 고난입니까?
아니면 다할 수 없는 사연이었습니까?
돌아갈 수 없는 슬픈 눈물이었습니까?

시작도 끝도 없는
관념(觀念)의 미학(美學)만 말만 하고
몸부림치는 성불(成佛)의 길이었습니까?

이승연 선생!
어둠에서 밝음을 자연(自然)일진대
인생 또한
어둠 안에서 밝음이 엇갈려
흐르는 세월 위에

바닥에 떨어져
토(吐)하는 죄(罪)와 벌(罰)이 아니던가

때 묻은 불심(佛心)소리 담은 마음
목탁 속 한 점의 속진을 씻고
당신의 맑고 고운 마음결을
안으로 안으로 접고 접어
한 모금 감로수로 사소서…

(월간 『신문예』 2011년 9월호 발표)

그리운 사람들 80

— 時調詩人 이우걸 선생님께

님 고운 뜻 밝음이사
칠보(七寶)같이 빛나는 시정신(詩精神)

화왕산 정기(精氣) 모두 다
님의 한 몸 다 받아
1977년 "지금 누군가 와서" 출간
1981년 "빈 배에 앉아" 출간
1983년 "중앙일보 시조대상"
1984년 "현대 시조의 쟁점" 출간
1988년 "저녁 이미지" 출간
1989년 "우수의 지평(시조평론집)" 출간
1996년 "사전을 뒤적이며" 출간 외…
수만 수천의 작품을 출간했을까
가슴속 가득히 그리움과 작품이 밀려옵니다.

어진 마음 타고난 시심(詩心)
이 세상(世上) 다하도록 별이 되소서.

님의 시운(詩韻)이 하늘 같아
볼수록 깊고
읽을수록 깊은 맑은 샘물 같습니다.

인생사(人生事) 닦은 그 고요한 심성(心性)
시조(時調) 밭이 어울져 무성하고

오늘도 내일(來日)도 모레도 끊임없는
대한민국 곳곳마다
어느 문학지(文學誌)마다 님 소리라네

시조(時調)는 선심(禪心)의 도(道)로 갖추신 가슴
순수의 정감이 담겨진 님이여!

제자(弟子) 시우(詩友) 수수 만만에
시조 잔(盞) 들어 불후(不朽)의 세계를…
청렴(淸廉)한 님의 삶이 영원하소서.

(월간 『문학세계』 2010년 8월호, '책 속의 소시집' 발표)

그리운 사람들 81

— 산수(傘壽)를 맞이하신 이우재 박사님

평생(平生)토록
문학(文學)과 대학강단(大學講壇)에서
영원(永遠)하도록 학문 연구
영혼으로 새기면서
그— 수(數)많은 천년만년(千年萬年) 뿌리 깊은 외길
살아오신 세월이었습니까

이 나라
단 하나밖에 없으신 이. 우. 재.
내(內)에서 영(靈)이 그려질 때까지
가슴속까지 파고드는 숨쉬는 시(詩)의 세계(世界)
어찌하여
시(詩)로서 날 새고
학문(學問)으로 저물도록
혼불이 타듯이 살아오신
팔십 년의 형설지공(螢雪之功) 세월이여!

박사님의 참된 삶의 길
경건하시고 은은하신 시심(詩心)
감춰진 오묘한 문학(文學)의 신비(神秘) 들추어내
소중하신 가슴 가슴마다

영원(永遠)토록 이 나라에
찬란한 문학의 꽃으로 피게 하소서.

(1996년 칠갑산시(七甲山詩) 이우재 박사 문집)

그리운 사람들 82

— 이영옥 詩人

너의 목소리는 언제나
하늘같이 밝고
산(山)같이 깊고
화사한 두견화 같구나

흰구름을 만나면
살며시 눈웃음으로 답하고
스쳐가는 바람 속에
라빌레 같은 고운 시심(詩心)…

맵고 차가운 북풍을 만날 땐
절망하지 않고 야무진 가슴 하나로
각박한 현실 앞에서도
극복하는 딸의 심성…

혼자 지친 눈물
산길도, 들길도 허허로운 길에서도
제 갈 길만 가는 너의 신념(信念)

울고 싶을 때는
한없이 울어라 그리고 또 울어라
숨가쁜 모진 현실일지라도
언제나 새로운 너의 갈 길을 향해
굳굳한 내일을 위해 푸르게 살아다오!

(문학춘추작가회 2011년 16호 발표)

그리운 사람들 83

— 이모님 쾌유를 빌면서

사각(四角) 속에 갇혀버린 지 어언 3년
한 생명 얻은 최초(最初) 그날
경이롭게 얻은 삶의 둥지였습니까?

고통과 아픔
등허리에 달고
무서운 저력(低力)으로 휠체어를 굴립니까

육신과 영혼으로
햇살 없는 창살
그러나
숨소리는 언제나 꿈을 먹고
희망을 키우는
당신의 삶과 터전의 깃발을 봅니다

비록 모질게 아파도
당신의 굳은 의지엔
반드시
감동과 환희가 용솟음치는 그날이
올해 새 봄날에
꽃이 피고 새가 울 것입니다

당신의 소중한 생명(生命)을 위하여
간절한 마음으로
기도하는 가슴입니다.

(『아시아서석문학』 2015년 봄호 발표)

그리운 사람들 84

— 詩人 이용화에게

비바람 눈보라 치는 움막에서
차라리 목 놓아
소리 없는 하늘 향해
너를 불러본 지 몇 해였는지
이용화 시인이여! 라고…

혼자 떠돌다 간 세월
연결고리가 떨어져 닿음이 무착(無着)이라
적막한 움막이 무너질 듯…
아픔이 있을지라도 그래도 쓸어안고
이젠 한번 만나
봉긋봉긋 옛 시절 한숨이라도
구만리(九萬里) 단애를
떨어져 내리는 그런 정한(情恨)이
모가지를 모로 돌려보면 아득히 먼— 세월.

이 시인(李 詩人)이여!
당신의 자각(自覺)엔 별이 솟고
횃불 같은 선혈(鮮血)엔 시(詩)를 가꾸며
새롭게 피어나는 천만(千萬) 개
보기 좋은 시어(詩語)를 키우는
그— 찬란한 꿈과 이상(理想)의 세계(世界)
하늘빛에 서려 엉긴
불후(不朽)의 시인(詩人)이 되게 하소서—

(월간 『문학세계』 2011년 12월호 연재)

그리운 사람들 85

— 이중경 편집자에게

하루 종일 컴퓨터(Computer)와 눈맞춤에
원고를 담아내는 고독을 태우는
가슴앓이 뼛속 깊게도 서리어
홀로 고요를 마시는 중경아!
인생(人生)의 미래(未來)를 익히며 삽니까?

정갈한 미소와 순결
어둠을 헹궈내는 24시간
신문이란 역사의 그늘 아래서
한 땀 한 땀 쌓아가는 너 젊음의 정서
소박한 침묵에 선율이 흐르는 중경아.

오늘은 서러워도
내일은 충만한 하나님의 영광에
드높은 성령의 은총이 있으리니
고운 숨결 위에 꽃피는 중경아!

손가락 매디매디 꿈을 엮어
찬란히 피는 동읍신문에
성숙한 별이 빛나게 창작하는
버팀목에 견고한 중경아!

등줄기 촉촉이 젖어드는 피와 땀
말없이 당당하고 친숙한 편집
하늘을 가르는 철저한 심성
지순한 연민의 정(情)만 쌓아둔 중경아!

부디 아름다운 마음에
하나님의 은총이 함께하기를…
햇빛 그 위에
행복한 빛이 되게 하는 중경아!

(〈한국문학신문〉 2011년 6월 1일 발표)

그리운 사람들 86

— 詩人 전문수 박사님께

박사님!
가슴끝 끝에 후르는 육신의 피
순박하고 순수를 튕기는 정음(正音)은
그것은 당신의 숨결이요 온고이지신(溫故而知薪)
오래 묻어놓은 학문과 시(詩)와 평론(評論)
첩첩히도 쌓였던 문학의 한(恨)이었습니까

박사님! 님의 시론(詩論)은
자유의 비밀을 캐내는 철학의 미학(美學)
감미로운 말[言] 늘렸다 줄였다 자유자재
공동체 결집의 자리에서 심포지엄(Symposium)은
누구를 위한 문예부흥였습니까?

박사님 시(詩)의 공간(空間) 개념마저
해체되어 가는 전자정보화 현실 앞에
지역문학은 어떤 숨을 쉬어야 하는지
수직조응과 수평조응이
상징의 동일성이라고 되는지요

박사님!
가히 박사님께 글을 쓰기에
옛적에 움막에 온
그— 노오란 기억 속에

따스한 박사님
숨소리 담아온 그 세월을 회상하면서
이렇게 감히 졸시(拙詩)를 띄웁니다.

(월간 『신문예』 2012년 1월호 발표)

그리운 사람들 87
— 석재 조연현 선생님께

함안군(咸安郡) 함안면(咸安面) 봉성동(鳳城洞) 1202-1에서
탄생하시어
1955년 현대문학(現代文學) 창간(創刊) 주간(主幹)으로
평생(平生)토록 쌓아올린 한국문학 금자탑이요
동문학지(同文學誌)에 한국현대문학사 수많은
선생님이 남긴 찬란한 문학사 연재 등은
여히 문학사적(文學史的) 선구자임을 자탄(自歎)합니다.

선생님!
수많은 한국문학사 불후지공(不朽之功)에
푸르고 푸른 참 빛이요
숭고(崇高)한 향기며 문학(文學)의 대관(大觀)이며,
현대사(現代史)의 대부(大父)임을 자위(自慰)합니다.

그— 어떤 철학(哲學)의 미학(美學)으로 하여
글로써 발로써 진리로써 비전의 세계
수천 수만의 가슴과 뜻을 안겨주신
문학인(文學人)의 길잡이가 되게 하였습니까.
시(詩)와 수필(隨筆) 파헤친 달변(達辯)과 달관(達觀)
공간(空間) 의식에 대한 치밀한 구도
단단한 소리 없는 소리 은은하게 펼친 감성
인생이란 무엇인가를 응시하는 사색
순간마다 생명(生命)감이 움트게 하시는 영원

선생님의 예술(문학) 깔려 있는 매력의 공간
공간의 아름다움에서 볼 수 있는 모든 것…

만나면 어느 누구든 자상한 가슴으로
알려서 가르쳐서 글이 되게 걱정하신
지금도 영혼 속속히 은은히 맴돌고
살아 숨쉬는 듯 합니다.

열반(涅槃)으로 피안(彼岸)의 세계(世界)에서
한세상(世上) 높고 찬란하고 숭고한 업적
소중한 가슴으로
공경하며 높이 모실 후학(後學)들의 염원(念願)
일잔(一盞) 받으소서—

(함안문인협회 사화집(2010년) 발표)

그리운 사람들 88

— 서예가 정재근 사돈어른께

사돈어른께서는
언제나 홀로 서도(書道)의 외길에서
소복소복 쌓인 오묘한 필치(筆致)
시리도록 끝임없이 종횡무진(縱橫無盡)입니까?

사돈어른
하늘만큼도 더 높은
당신의 피나는 서도(書道)의 세계(世界)
그렇게도 청빈(淸貧)한 생활도 흡족합니까?

당신께 홀로 삶을 돌아보면
이 세상 누구 하나 돌봐 주는 이 없이
고심초사(苦心焦思) 해낸다는 의지(意志)의 뜻
서도의 기류(氣流)를 풀어 내는 한학(漢學)
참으로 자랑스럽습니다.

현실이란 위아래도 없는
무서운 뙤약볕에 감기고 휘어진 세상
목이 타고 고독할지라도
붓 한 자루로…
이끼 낀 틈새로
다— 풀어서 깊은 강(江)물에
가슴 씻고 담은 그날 위해

소중한 사돈어른 작품(作品)이
이 나라에 빛이 되어 찬란한 그날이 오리라 빌겠습니다.

(월간 『문학세계』 2011년 11월호 연재)

그리운 사람들 89

— 주기문 詩人께

가을밤
창문 반쯤 열어 놓으면
움막 뜨락엔
소록소록 별들이 떨어져
한(恨)이 서린 가슴에 그리움이 쌓인다.
이십 년 전에 주기문 시인과
머리 맞대고 창립(創立)했던 동운문학(東雲文學)

이 가을밤에도 시(詩)를 쓰고 있을까
방문을 열어야 할까
행여나 당신의 자국소리 들릴까
아니면
숨 쉬는 소리라도 들려올까
움막에 내리는 별처럼
기다림 속에 기다림으로 남겨둘 시인(詩人)의 자국

주 시인(朱 詩人)!
저녁 하늘이 드러누운 마룡(馬龍)마을
별은 빛나지만 기별이 없으니
어둠 속엔
그 그리움은 더더욱 간절하고
고개 떨군 고독은
더—더욱 도지는 밤

먼— 발치 아련한 당신의 창가
시(詩) 소리에 유혹이 끊임없음을 봅니다.

주 시인(朱 詩人)!
각박하고 냉혹한 세상일지라도
우리 다시 만나서
그— 옛날같이 가슴 맞대며 웃음으로…
이 한 밤에
다시 안경을 닦습니다.

(월간 『신문예』 2012년 1월호, '이달에 만난 시인' 발표)

그리운 사람들 90

— 도예가 곡우(谷牛) 진종만 선생님께

팔순(八旬)의 기나긴 세월 속에
한 점의 티 없이
뜨거운 예술의 혼(魂)
우연에서 필연(必然)으로 고뇌의 집념(執念)으로
우아한 예술의 향기에 취하신
선생님의 영혼이 마르지 않는
고고하고 오묘한 정신세계(精神世界)
가슴 시리게 풀어내고
담아내는 소요스러운 푸른 하늘 같습니다

백자, 청자 영혼 다하도록
아득히 먼 역사(歷史)와 전통을 소중히
땀 흘리며 천년(千年)을 또 천년을 이어갈
선생님의 맑고 고운 향기였습니다

언제나 어디서나 내유외강(內柔外剛) 심성(心性)
자비(慈悲)가 넘치며 순수보다 더 진한 정한(情恨)
가녀린 제자에게 가만가만 준 교훈
향긋한 맑은 영혼
작품(作品)보다 더 귀(貴)한 당신의 영혼
걸작을 위한 피난 노력이었습니까?

진종만 선생님!
풍화(風化)되고 침식된 현실(現實) 속에서도
그— 굳고 단단한 정신력
당신만이 가득히 품어낸 도예의 진수
무엇으로 필설(筆舌)로 다 하오리요

겸손과 분수를 가려내는 맑은 순결
어느 뉘가 알랴마는
선생님의 장인정신(匠人精神) 만인(萬人)에게 채워주신
눈부신 도예의 향기
이 나라에
영원(永遠)히 불후(不朽)의 빛이 되게 하소서.

(〈영남매일〉 2011년 7월 27일 발표)

그리운 사람들 91

— 지원 스님께

꿈은 항상 창(窓) 밖에서
그리움에서 같이 오지만
침묵은 아름다운 추억으로 묻어온다.

지원 스님!
밀양 땅 깊은 암자에서
유유자적(悠悠自適)하며 불심(佛心)을 영글게 하며
정갈한 자비(慈悲)의 향기(香氣)에
함초롬히 먹고 허기를 메우며
통통한 유심조(唯心造)를 키우시는 지원 스님

민족(民族)의 수난(受難) 속에 호국불심(護國佛心)의 깃발
사명(泗溟) 스님의 옛 성터 머물면서
오늘도 합장(合掌)하며 그윽한 빈자리 채우신 지
그— 넉넉한 숨결에 찬 기도(祈禱)
인욕(忍辱)의 자아(自我)를 터득하시는지
그— 세월이 얼마였습니까?

지원 스님!
깨어진 유리조각 같은 사바세계
스님의 수행(修行) 모습 그리워
단내 썩힌 정액으로
무거운 그리움을 가슴에 달아

성스러운 밀양의 성지
저의 마음을 쇠망치로 두드려 담금질해도
소용돌이치는 현실을 벗어나지 못할
중생심 어쩌란 말입니까
천 갈래 만 갈래 굴곡진 삶
가난한 주름살 채워지지 않는 마른 가슴
스님 이것이 중생의 삶이었습니까
지그시 눈 감으면
염천 말복을 보내는 깊은 밤입니다.

(〈밀양신문〉 2011년 8월 24일 발표)

그리운 사람들 92

— 詩人 최광형 선생님께

남해(南海) 송정 소나무 있는 해수욕장
바람 부는 해변 파도소리 진한 환상(幻想)
보고 싶은 연민을 씹으며
다정히 흐르는 시인(詩人)의 뜨거운 가슴 마시며
심원(深遠)에 핀 고독은
내 삶의 케이블카를 어디서 타야 하는지
지기지우(知己之友) 최광형 시인(詩人)이여!
한숨 늦추고
쓴맛 단맛 불태운 당신을 불러봅니다.

최 시인님!
끝끝내 잡지 못한 채
천추를 두고 이별이라 했습니까.
의식없는 이별은
그것은
내면(內面)을 볼 수 없는 흐르는 눈물입니다.

당신은 목자(牧者)요
순수무구한 시인입니다.
장엄한 세상 자유문학(自由文學)을 창작(創作)하고
안식처인 시(詩)밭을 보천지하(普天之下) 작품(作品)으로…
난 적막산골 움막에서 헤매고 있는지
갈 길 잃은 외기러기올시다.

최 시인(詩人)!
빛나는 눈빛에
당신의 우렁찬 목소리
목이 쉬도록 웃고 울고
각박하고 냉혹한 도전의 절규에서
이제는 피땀 다하도록 이루어 놓은
시인(詩人)님의 아들
언제나 하나님의 은총이 있기를…

(월간 『신문예』 2012년 1월호, '이달에 만난 시인' 발표)

그리운 사람들 93

— 서화가 최성봉 선생께

눈이 시리고
머리가 아프도록
홀로 답답 가슴을 움켜쥔 채
하얀 화선지를 담담히 응시하는 긴—밤
고뇌를 태우며 밤새
세상(世上)의 모든 것에 찬란한 구상(構想) 다 담고
가슴이 썩어 문드러질 망정이라도
해야 된다는 신념(信念)의 세계(世界)
최 화백의 혼(魂) 새겨진 화폭과 글
무념무상(無念無想) 속에 참이슬같이 맺혀
무소유(無所有)의 영혼을 봅니다.

최 선생님!
서(書)와 각(刻)과 화(畵)와 선(線)과 점(点)
종횡무진(縱橫無盡)의 필력(筆力)으로
끝임없는 터널 속이라고 겸손심
사(私)됨에 물들지 않으려고 하는
그— 관대한 순수
예술세계를 혼자 천혜(天惠)를 달고
차디찬 상념(想念)에 지새운 밤
그— 얼마였습니까?

최 선생님!
당신의 의지(意志) 다시 모아
힘겹게 참아 온 분노와 열정
쌓아올린 초지일관(初志一貫) 그— 뜻 하나로
아주 큰 세계를 하나로 묶어서라도
끝없이 끝없이 가야 할 운명(運命)임을…
단단한 꿈을 이루는
야무친 일상(日常)이
피와 땀으로 닦는 작품(作品) 잉태되기를
선생님의 뜻인 줄 생각하면서
손 모아 이 시(詩)를 띄웁니다.

(〈창원일보〉 2011년 7월 27일 발표)

그리운 사람들 94

— 최장섭 동읍청년회장

천마산 아래 갑골마을
밤낮 읽었던 자신(自身)을 줍는다

남몰래 삶을 달래면서
용감했던 장엄한 기상을 펴며
절체절명(絕體絕命)의 풋풋한 해병의 기백을…

세상(世上) 불만을 정화하여 잘 살아보려는
순수한 내 삶을 누가 알랴
지난 날 정성을 다하는 장섭의 마음
옛 시절 잘못을 스스로 반성하는…

장섭아! 비정(悲情)한 현실(現實)
모진 고통을 헤쳐가야 할 피나는 노력
어둠이 가득한 칠흑 같은 밤
"장섭"의 심연의 숨소리 들린 듯…

각박하고 처절한 세상
속절없는 이 흥망성쇠에서 너의 의지(意志)
좌절 말고 극복하는 마음으로 살아다오

장섭아!
말[言]과 돌은 한 번 던지면 돌이킬 수 없다
과정보다 결과를 소중하게 하며
쓰라린 실패 뒤에는
빛나는 내일(來日)을 위해 굳세게 살자꾸나.

(『한국국보문학』 2011년 5월호 발표)

그리운 사람들 95

— 詩人 최향숙 선생님께

참 밝고 맑은 심성(心性)
별 같은 눈동자
빨려 들어갈 듯이
진홍빛 장미꽃 울타리를 엮어
상상의 세계를 꾸미는 선생님의 시(詩)

푸른빛 분홍 보라 빨간빛
소박하며 은은한 고요에 잠긴 채
순수 우아하고 잠잠한 시혼(詩魂)
신비의 내적(內的) 세계를 그리며
맛보다 꿈과 희망을 더 진한 시계계(詩世界)
끊임없이 이상(理想)세계를 키우시는 시인이여!

두터운 대지(大地)를 헤치고
천진무구한 동심의 초록
고사리손 통통하고 애틋한 시심(詩心)
별과 같이 빛나는 시(詩)요
힘과 용기를 정성을 다하는 시(詩)
한 생애를 펼쳐야 할 태동(胎動)이었습니까?

최 선생님!
땅이 올라가 하늘이 되고
하늘이 내려와 땅을 만들어

님의 큰 가슴엔
시(詩)는 자유자재(自由自在)
눈부신 시맥(詩脈)의 동맥이 흐르는
동화(同化)된 피안(彼岸)의 투명한 가슴을 보는 듯…

오로지 선생님의 고뇌하는 외길
참으로 가슴으로…
상기하면서 한 해가 저물어 가는
움막의 황혼이 채워 갑니다.

(월간 『문학세계』 2011년 11월호 연재)

그리운 사람들 96

— 차태식 前 조합장님께

마음속으로 그리워질 때는
꿈에서라도 만난다고 합니다.

차태식 조합장님!
영세농민을 위해
격외도리(格外道理)를 다 해서라도 그들을 위해
지극(至極)한 하루해가 천년(千年)같이
천추(千秋)에 한(恨) 같이 쌓인 듯
묵묵히 말[言] 많은 세월 속에
언제나 하나같이 농민 앞에 서서
고뇌하는 당신의 아픔이었습니까?
어느 뇌가 알라마는…

"보이소 우짜든동 참고 살아보이소" 하면서
형벌인 듯 홀연히 돌아서서
아픔을 참은 나날들
가슴 펴고 들로 밭으로…
진솔한 마음 하나로 견디다가
농민의 애타는 삶의 진실을
농민들과 같이 나누시는 당신이었습니다.

차 조합장님!
당신의 가슴속 농민이란 꽃씨 심고

농민이 잘 사는 그날까지
인고(忍苦)의 세월 위에서
허허로운 들판에 서서
오늘도 끊임없이 흙에서
묵묵히 가축과 더불어 사시는 모습
진정한 농민의 선구자요
언제나 푸른 들 푸른 숨결 먹고
농민의 귀감임을
이 졸시를 띄웁니다.

(월간 『문학세계』 2011년 9월호 연재)

그리운 사람들 97

— 채정권 화백님께

언제나 푸르름이 넘치는
푸짐하게 깊고 맑은 자유인(自由人)의 마음

채 화백님
늘 정겨움이 깃털처럼 하얀 가슴
살며시 소곤거리는 목소리
언제나 편안하고 정(情)이 많으신 선생님
찾아온 움막 엊그제 같은데…

영혼이 흐르는 밀어 속에
자유(自由)가 있고 넓은 평화(平和) 가지신 선생님
그— 틈으로 그려놓은 심상(心像)의 화폭
저토록
물 같고, 흙 같고, 바람에 하늘 같은
선생님의 화폭였습니다.

생성과 비상
순수와 심상
자연(自然)의 섭리
옹고집 영혼이 곪아 터지도록
그것이 오—직 선생님의 외길이요 철학이었습니까?
장인정신(匠人精神) 그— 하나 숭고함이여!

연극 같은 현실에 물들지 않고
어동동락에 침제된 수백 권 화첩
꿋꿋하게 티 없이 살아온 선생님 생애

환희의 송가가 하늘처럼 푸르고
파도처럼 출렁입니다
빛어가는 애달픈 선생님의 숨결
아픔 향기에 취한 여기 움막은…

밀어가 흐르는 가속엔
선생님! 영혼을 불러봅니다.

(『남도시단』 2011년 12월호 발표)

그리운 사람들 98
— 詩人 추창영 선생님께

1977년 발간한 "징소리" 아련히 들리듯
한 가치 담배 물고 눈 감으면
허연 연기 속에 34년 전
그윽하게 피어나는 선생님의 모습
"징소리"에 사무친
천년(千年)의 세월(歲月)이었습니다.

추창영 시인(詩人)님
바람은 구름에 잠이 들고
달빛은 하얀 여울에 잠들듯이
한 세월은 강물에 목이 메어 울고
소리 없는 소리 속에
하염없이 멀고 먼 세월이었습니다.

선생님!
어느 하늘 아래
어느 땅 위에 사시는지
삶에 얽힌 등살에 견딜 수 없이
긴— 목숨 움막에 묻고
그리움이 하얗게 덮은 움막입니다.

선생님이 주신 "징소리" 시집(詩集)
"징소리" 적막 속에 깔고 젖으며

인생사(人生事)
생(生)과 사(死)가 교차하는 처절한 소리
따뜻한 가슴팍에 피는 "징소리"
백발의 머리털 헹구며
인생(人生) 애환(哀歡)과 어우러진 "징소리"
숱한 꿈을 키우는 미학적(美學的)인 "징소리"
선생님 부디 건강하소서.

(월간 『신문예』 2012년 1월호, '이달에 만난 시인' 발표)

그리운 사람들 99

— 隨筆家 하길남 교수님께

맑고 고운 님의 뜻이사
품사(品詞)마다 돋보이는 정신세계
만(萬)가지 다 좋은 문장마다
볼수록 깊고 깊은 맑은 영혼
시(詩), 수필(隨筆), 문장삼이(文章三易)의 높은 탑이었습니다.

강당(講堂)에 많은 제자(弟子)에게
넉넉하고 따뜻하고 품 넓은 강의
튼튼하고 굳은 청사(淸史)와
타오르는 불꽃같은 공론(公論)
햇살 같은 심성이 여울져 흐르고
달과 별과 자연을 마주하는
교수님의 찬란히 피는 빛살이었습니다.

— 교수님 주신 "닮고 싶은 유산" 수필집—

평생토록 글 속에서 글만으로
닮도록 옹이로 살아가시는…

그토록 말[言] 많은 각박한 세상
언제나 침묵 속에 연꽃같이 피는
교수님의
순결한 님의 극치였습니다.

존경하시는 교수님!
부디 불후명작(不朽名作)을 남기소서!

(『문예비전』 2011년 5 · 6월호 '시의 향기' 발표)

그리운 사람들 100

— 하만균 사돈어른께

진주시에 살면서
교장 선생으로 정년하고부터…

대곡면 마진리 논두렁 따라
벼 익어가는 소리와
노을 녘이 되면 다홍빛 구름꽃이
선산(先山) 근방에 내려와
옛 추억이 갈피갈피 가슴에 배이는
내뿜은
사돈어른님의 숨결을 보는 듯합니다.

사돈어른님.
저의 몸은 멀리 있지만
가슴 한쪽에는 언제나 같이 있듯이
비오는 날엔
조용 아주 조용히 만나서
저물어 가는 인생길에
서로 가슴을 쓸어 안아주고
고달픔도 괴로움도 서로 풀어도 보고
힘겨워 굽은 등 부목(副木)도 되어주고
갈라지고 허물어진 꿈도 모아보고
향기로운 꽃도 피워 봤으면 하고
가슴 가슴에 한(恨)이었습니다.

사돈어른님
또 한 세월이 기다리지 않고
팔월 한가위 달빛 아래
사부인님과
아른히 피어오르는 젊은 날에 추억
“진주라 천리길을…”
한가락 부르시면서
언제나 건강하시고 행복 속에
영원(永遠)하옵소서 사돈어른님이여!

(월간 『신문예』 2012년 1월, ‘이달에 만난 시인’ 발표)

그리운 사람들 101
— 하옥이 詩人께

하 시인(河 詩人)님의 긴 연력은
샅샅이 만난 적 없었지만
문예지를 통해 몇해 동안 알고부터
아직도 가끔 전화로 오고 가는 정(情)으로…

여류시인이요, 소설, 가곡 작사가로서
섬세하고 빼어난 풍모에다
상상력이 넘치는 시심(詩心)과
고뇌 찬 풍상(風霜)이 어우러져
시음(詩音) 따라 흘러나오는 미적(美的) 내재된 멋
"세계명작순례" 쓰신 문장마다
티도, 금도, 없는 순수 속의 기록들…
그것은
시상(詩想)이요, 소설가였기 때문입니까?

하 시인(河 詩人)님.
문예 주간, 책나라 출판사 대표
이 시대(時代) 역사(歷史)를 기록할
장원(長遠)한 관념(觀念)의 세계를
시간과 공간에 찬
그 푸른 얼과 지혜 모두
호환성(互換性)으로 밀고 갈 여류시인이여!

이 나라 문학사에
길이 울려나오는 빛이 되게 하시고
언제나 건강을 챙기소서.

(월간 『신문예』 2010년 11월호 발표)

그리운 사람들 102

— 詩人 황선하 선생님께

선생님!
아득한 세월이었습니다.
푸드득 날아오르는 학(鶴)같이
못 잊어 이어지는 6월의 긴— 밤…

평생토록 단 한 권뿐.
32년 전 선생님 시집 "이슬처럼"
겸허하신 마음과 마음으로
지순(至順)한 진실이 묻어나는 꾸밈없는 시(詩)
구구절절 현란한 표현의 미학(美學)
해를 거듭한 지 얼마였습니까?

황선하 선생님!
선생님의 서시(序詩) 보고 또 읽고…
"한세상 살다가
죽음도
크나큰 은혜로 받아들여
흔적없이
증발하는
이슬처럼 가고 싶다"

선생님!
천년(千年) 만에 울음 한 번만 우는

봉황이 되었습니까?
차안(此岸)과 피안(彼岸) 얼마나 먼— 곳입니까?
쉬었다 간 고요로우신 보금자리
그— 잔잔한 미소로 후학을 기른 정성…

그들의 잎새마다 사랑으로 어루시고
그들의 가지마다 기쁨으로 마음 주시고
그들의 뿌리마다 영혼으로 시(詩)를 주시고
그들의 가슴마다 그리움을 주신
천성(天性)이 맑으신
선생님 언제나 그립습니다.

(『한국문인』 2010년 8 · 9월호 발표)

그리운 사람들 103

— 詩人 홍진기 선생님께

정병산 움막에서 몇십 리 될까 말까
그곳 함안에서 출생하여
동국대학교 졸업 동시에
현대문학 현대시(詩) 추천완료와
시조문학 시조(時調) 추천완료로…

흔들림 없는 뿌리 깊은 거목(巨木)으로
그것은
장인(匠人)의 의지(意志)요
가슴속에 고요히 피어오르는 채운(彩雲)이며
아늑히도 가득히도
파고드는 따스한 온기(溫氣)와 매운 얼…

홍 시인(詩人)님!
간간이 떠오르는 님의 모습에
속살 채우던 열매의 향기를 품은 듯
자분자분한 품위를 봅니다.

시(詩). 시조(時調). 수필(隨筆).
엮고 읊조리는 차안(此岸)에서 피안(彼岸)으로 가는
깨달음의 그늘 아래서
무소유(無所有) 경전(經典)을 보는 듯합니다.

그것은
님의 덕망(德望)과 작품(作品)에서 미풍(美風)입니까

님께서는
지금도 학문과 창작강론(創作講論)으로
후학(後學)들을 위해
칠순(七旬)의 포롬한 신념(信念)과 의지와 진리
문학(文學)의 철학(哲學)을 다듬으며
이 나라 문학(文學)에 새길 창달(暢達)에
님의 글밭 이랑마다
밑거름에 생명의 꽃이 되게 하소서.

(월간 『문학공간』 2010년 7월호, '이달의 시인' 발표)

그리운 사람들 104

— 정속남 숙모님께

이천육년 시월 초엿샛날 밤
숙모님 베신 베개
가슴을 채우는 듯
겹겹이 덮인 숙모님 모습

오롯이
잠드신 얼굴 어루만지며
백수(白壽)에 숨찬 소리
어찌 눈물인들 다 하겠습니까?

굽이굽이 살아오신 갖은 인고(忍苦)
숙모님의 아픈 눈물이요 한(恨)의 분신
패인 주름살 검은 저승꽃
숨소리마저 절절하고
한탄에 쌓인 절규였습니다.

먼— 일본(日本) 땅에서
조국(祖國)의 해방에서
육이오 사변에서
어둡고 무서운 배고픈 보릿고개에서
육 남아를 헛딛지 않게 길러주신
밤에도 낮인 듯 가난의 매를…

수많은 고통과 좌절을 이겨 오신
숨소리 깊으신 우리 숙모님이시여!

오일육 혁명시대
참담했던 역사의 뒤안길에서
장터 좌판 길목에 서서
하루가 여삼추(如三秋)라 했던가
서러운 가슴 시리도록
어둠이 무섭게 젖어드는 그 옛날 삶
이 자식(子息)이 아플까 저 자식이 병날까
살점을 태우는 듯 가슴마저도
숙모님 눈물에서 그렁인 듯합니다.

백수의 마른 눈물로
여기 산골 움막 조카 곁에
이렇게도 눈부신 외로움을 달랠 때
흰 뼈를 도려낼 듯 숙모님 모습
적막 속에
파고드는 움막의 깊은 밤이었습니다.

숙모님!
촘촘히 짜여졌던
숙모님의 삶이 마디마디

세상사(世上事) 스친 팔소매 앞섶에
인연의 질긴 끈으로
꼭꼭 매듭으로
여기 움막에 사는 조카는
맑고 고운 하늘에다
영원히 풀지 못하게
묶어 놓고 살랍니다 우리 숙모님!

숙모님 가신 잠자리 머리칼 하나
이 밤이 다하도록
사무치도록 눈물로 간직하고 있습니다.

(월간 『문학공간』 2004년 1월호 발표)

그리운 사람들 105

— 불러본 형님이여! 종대 형님 영전

솔솔 바람이 부는
화장막 산그늘 아래
남몰래 타는 가슴에 눈물이 젖고…

초여름 한나절 햇살은
검은 연기 여울져 북천(北天)으로 가고…

무정(無情)타 그 세월이여!
떠도는 바람이여!
저 구름 속 영혼이여!
형님! 형님! 형님! 어딜 가시는지…

이승과 저승이
그렇게도 멀고 먼지
불러본들 울어본들
소용없는 텅 빈 인생사(人生事)
편한 세월보다
한이 많았던 우리 형님

이제는 고운 아들 딸도
살아온 고향산천도
다— 놓고 가신 형님
떠나신 영혼 앞에

소소영영 빌면서
가슴에 형님 영혼 쓸어 안고
혼자 사는 움막으로 왔습니다 형님!

5월 23일 밤.

(『문예비전』 2012년 7 · 8월호 발표)

그리운 사람들 106

— 판출 큰형님께

"봐아라 동생
문둥이 시인(詩人) 한하운 황토길 시(詩)가 생각나더구나…"
"……."

싱그러운 초여름 비 온 오후
내 사는 움막에 찾아오신
형님 말씀에
가슴이 무너지도록
향기롭고 감사했습니다.

형님!
올해도 명년 이날처럼
그 진한 그리운 마음
이 동생에게 포개 주신다면…

햇살 고운 움막에 앉아
머리 조아리며
차곡차곡 형님의 가슴을 챙겨
긴— 고요 속에 묻어두고 살랍니다.

형님 그리고 형수님.
혹시나 지나치시면
꼭 이 황톳길 따라

싹 틔울 그— 따뜻한 정(情) 하나
꼭 가슴에 안아
이 움막 뜰에 심어 주시면 합니다.

형님!
소주잔에 형님의 둥근 마음
동동 떠가는
그런 깊은 밤이
참으로 그립습니다.

(월간 『문학공간』 2004년 1월호 발표)

그리운 사람들 107

— 무완 형님에게

전어 한 접시
소주 한 병
형님과 마주 앉아
살아온 지난날의 얽히고설킨 이야기
팔순에 쌓인 서러운 심성(心性)
밀려오고 밀려가는
무수한 세월의 흔적들…

형님과 나는
바쁘게 잔을 바꾸며
서로 잔이 비며 허전한 가슴
형님의 연민의 속이 숭숭 뚫린 채
슬픔에 잔을 비운다.

절망에 빠져
허덕이던 보릿고개 시대(時代)
아무리 가난해도 꿈을 잃지 않고
오늘까지 헝클어지지 않게…

오직 진실 하나로 곱게 피어난 형!
끈질긴 삶과
인내하는 의지

무거운 가난을 등에 지고
아슬아슬하게 살아온 형님
그— 고독한 몸부림 뉘가 알랴

침묵의 뿌리로 뻗어온 형님
고통 속에 꿈이 영그는 그날들
기다리며 오늘까지 살아온 형님.
"그만 한잔 하이소"
"그래 동생 고맙구나"
또 한 해가 늙어간다.

(『아시아서석문학』 2015년 겨울호 발표)

그리운 사람들 108
— 소심당(昭心堂)에게

소심당(昭心堂)은 서도삼매(書道三昧)에 들고
옆에 앉은 나는
그 모습이 하도 좋아 시(詩)를 쓰고…

차(茶) 한 잔 놓고
서로 영혼 맞대면서
고요를 마시며 눈으로 웃고

달빛 아래 고운 밀어(密語)
그윽한 침묵의 소리로
깊은 상념이 들린 듯 정(情)을 풀어간다.

굽이굽이 살아온
아픔과 역경의 나날들였건만
어찌 이 한(恨)과 원(願)을 무엇으로 풀랴

인생(人生)은 뜻없이 가는 세월에
소심당 필력(筆力)에
이 세상(世上) 가득히 채워
따스한 가슴에
하얀 꽃이 필 때까지
기다리며 살리라.

(『한국문인』 2012년 8 · 9월호 발표)

그리운 사람들 109

— 해운(海雲) 성호에게

너가 그리울 때
눈 감고 귀 막고
숨도 쉬지 못한 채
난 꺾어진 나뭇가지 가슴에 묻은 채
아무도 없는 움막 산길을 걸었다

산골 많은 나무들도
암술 수술이 있는가 하면
영혼의 바람도 분다.

인생(人生)은 흙에서
흙으로 가는 자연(自然)의 섭리라 했던가
천자만홍(千紫萬紅)이 피고 지고 하는데
하물며 불혹(不惑)의 힘찬 깃발
다— 어이하고
그렇게도 아픈 세월 속에 혼자
좁은 영토 위에 서 있는가
욕망의 햇살과
싱싱한 날의 찬미를 위해
마음의 문(門)을 열어다오

너의 깊은 상처를 파고드는
그— 타는 속을 어느 뉘가 알랴

주제와 소재가
둘이 아니고 하나뿐
이제는 망원경에
그려지는 길 찾아
끝내 갈 수 있는
지극한 신념(信念) 하나로
선택의 깃발을 세워다오

성호야! 철통 같은 강한 의지(意志)
깊고 깊은 너의 가슴에 담아다오!!

(한국신문예문학회 사화집(2010년) 발표)

그리운 사람들 110

— 죽산(竹山) 성두에게

보일 듯
잡힐 듯이
뼈에 사무칠 듯이
가슴 가슴 아픈 세월

난 여기
움막 창살에 갇혀
일일여삼추(一日如三秋)이라.
죽산(竹山)의 그리움에
구워도 보고
삶아도 보았단다.

핏빛 같은
작은 소망 가득 안고
홀로 움막에 서서…

황막한 세상(世上) 내다보면서
너는 오지도
보이지도 않나

응결된 그리움과 고독
아픔을 반추하며
애비 된 잔인함을

체험 또 체험 속에
난 너를 기다리며
하염없는 세월에 섰구나.

(『한강의 지평』 2008년 18집 발표)

그리운 사람들 111

— 누이동생에게

한아름 햇살이 퍼지는
터미널 창가에
맑고 고운 누이동생 모습 그리면서
언뜻언뜻 다가오는 상봉 시간
초겨울 바람이 차구나

큰 동생은 부산에서
막내 동생은 울산에서
소담스러운 형제들의 꽃피울 만남은
천년의 그리움인 듯
슬프도록 잔잔하고
기다림도 행복하고…

숙자야! 연당아!
혈육(血肉)의 정(情) 넘치는 동생과 오빠
한줄기 청초한 그 마음 그 그리움
가슴 속속히도 묻어놓고 울었단다.

숙자 동생은 똑똑하고 순결하고
연당 동생은 국전에 입선한 명필가며
이 오빠는 시(詩)를 쓰다가 늙었고
우리 삼형제는
지나간 날보다 남은 날을…

더더욱 소중한 가슴으로 보듬어
2013년 12월 3일 오후 2시 늘 오늘 같은 날
이 오빠는 환희의 눈물이란다.

(『문예비전』 2014년 3 · 4월호 발표)

그리운 사람들 112

— 둥지를 떠나는 여식(女息)에게

이십 수년을
햇살에 달빛에 별밭에
너를 보듬고 소리치며
사유(思惟)하는 가슴에 얼구던 세월 위에
이제 떠나는 모습
안경 너머 젖은 아쉬움이 부서져 내린다.

정축년 시월 초삼일 오후 2시
천사같이 하얗게도 고운 내 딸
머물고 간 따스한 체온과
남아 있는 고요한 숨결
더더욱 큰 영혼의 깊은 심성(心性)
올올히도 피어오른다

애비 손 밀어내며
봉학 같은 낭자 품에 안기어 가던 날
향기로운 내음이
삼천뼈골에 젖은 듯
뜨겁게 부딪치는 환희의 아픔이어라

대못에 가슴을 걸어놓은 채
곤비한 세월 속에
붕대처럼 감고 감아

세풍에 키운 내 딸 부연아!
한무더기 해와 달과 별을
채워주지 못한 애비 애미
묻어둔 해후(邂逅) 천년(千年)인들 변할 것인가.

부디 오늘 마음같이
고목(古木)에 잎이 나게 하고
푸른 나무에 꽃이 피게 하며
거룩하고 찬란한 손결이 되어
늘 화사한 마음으로 신랑을 사랑하고
늘 다정한 마음으로 신랑을 존경하고
인(仁), 의(義), 체(體), 지(智), 우애(友愛), 화목(和睦)으로
새순 돋은 그 마음 하나로
참고 참아 살아라 한다.

(『문학공간』 1998년 3월호 특집 발표)

그리운 사람들 113

— 서도가 연당(蓮堂)에게

달무리 베인 달빛
외롭게 밤을 보내는
연당(蓮堂) 내 고운 동생아!

너의 맑고 밝은 심성 하나하나
이 밤에도 먹 향기에
하얀 화선지 바탕에
한 자 한 자 찬연한 가슴으로
붓 한 자루에 인생을 걸어놓고
햇살 머금은 한 송이 꽃같이
지극정성 다해
곱게도 힘찬 필력(筆力)으로
광활한 우주를 그려내는 너의 모습

"입선"에서 "특선"으로 "한중(韓中)교류전"에도
참으로 장한 동생 연당아
숨죽여 이 오빠는 하루도 빠짐없이
몇날 이 움막에서
한 획 한 획을 챙겨본단다.

연당아!
이제는 다 벗어 던져버리고
새로운 뜻을 모아 폭넓고 당당한 가슴으로

순수와 티 없는 정의(正義)롭게 뜻 모아
영혼으로 아픔을 배우고 익히면서
온몸의 고통을 참고 참아
오—직 한길로 가는 장인정신(匠人精神) 하나로
찬란한 그날의 깃발 펼쳐질 때까지
쓰고 또 쓰고 또 익히고
영원한 서도정신(書道精神)으로
꼭 등불이 되어다오
사랑하는 내 동생 연당아…

(한국신문예문학회 사화집(2010년) 발표)

그리운 사람들 114

— 동생 귀남에게

찬란한 동녘에 햇살
낮과 밤이 아우르며 가는 세월

검은 눈 속에
해와 달 그리고 별
영혼을 포개 담은 채
삶이 넘치도록
그— 얼마나 눈물의 세월이었나

난
마음도 가슴에 아픔도
잊어본 적 없는 혈육의 정(情)
언제 어디서나
참고 참아온 너의 모습
나는 이렇게 시어(詩語) 속에 그려본다

동생(同生)! 허허로운 바다가
등대 없는 아득한 지평선
캄캄하고 습한 파도에 바람소리
끈끈한 삶의 뒤안길에서 조용히 곱게도
엮어가는 그것이 너의 인생행로(人生行路)…

태양(太陽)보다 뜨거운 심성(心性)

괴로움과 아픔을 무릅쓰고
아담하게 자리 잡은
너의 억센 생명(生命) 영원하리라.

(2015년 문학상 수상작 선집 발표)

그리운 사람들 115

— 희야 소영아!

멀고 먼
아득한 타향(他鄕)
닿을 듯이
닿지 않는
몰래 세월을 여닫으면서 사는
희야! 소영아!
정말 정말 그립구나…

산(山)은 산끼리 굽이돌고
물은 물끼리 굽이쳐 흐르고
무심(無心)한 세월은 살가운 운명(運命)이여 하고
토(吐)해내는 슬픔의 고통
숭숭 뚫린 창호지 문살에
삼촌은 명(命)줄을 이어 가며 그리워한다.

다가가도 비껴 서는
비바람에 젖어 울고
산청땅 떠도는 저 구름 속에…

희야! 소영아!
그— 모습 그— 얼굴 그리워 그리워서
산새 마냥 울어 에인다.

세월 속에 이정표도 없이
보내는 허무(虛無)와 비정(非情)
가지런히 피었다가 간드러지게
고독한 타향살이 몇몇였나…

사노라면 잊을 수 있으련만
청춘을 불사르는 숨결
태우는 영혼과 순결이여!

희야! 소영아!
아픔을 참고 참아
그— 어느 날 밝아 올 그날까지…

그리운 사람들 116

— 김동열 형님 영전

살아생전(生前)
찾아 뵈옵지 못해
가슴속 대못 박듯이
사무치도록 시리고 아팠습니다

혹시나 꿈에 뵐까
산(山) 넘어 강(江) 건너
헤매봐도 멀고 먼 아승기겁(阿僧祇劫)에
이저러진 그리움만 남기고 갔습니다

형님!
형님께서는
조국(祖國)과 민족(民族)을 위해
장렬했던 서부전선에서
피 맺힌 상전 6 · 25 참전용사로
거룩하고 찬란한
이곳 거창 호국원
고요히 소리없이 저물어 가듯이
정연한 당신의 빛나는 당신의 영혼
부디 영면(永眠)하소서

형님이시여!
참으로 그립습니다

푸른 산골 내 사는 움막 근처에서
비장한 마음으로 같이 살자던 그 마음
땅을 파고 살자던 그— 소중한 꿈…
이 생각 저 생각 속에
인생무상(人生無常)에 눈물 속에 형님을 불러봅니다.

(『한국작가』 2017년 가을호, '이 계절의 시' 발표)

공정식 시의 인문주의자들을 위한 연작 송시집

— 116편의 연작시집 『그리운 사람들…』 평설

石蘭史 이수화

한국문인협회 원임부이사장 · 국제펜클럽 고문 · 한국문학비평가협회 명예회장

여기 공정식 시는(공정식 시인의 연작 송시(連作頌詩)) 그가 존숭하는 인문주의자들과의 절친한 사연에 감읍(感泣)해 연작(連作)으로 116편(116명분(名分))을 집대성한 시집이다.

이와 같은 인물시는 이미 일초(一超) 고은의 『만인보(萬人譜)』가 선행하고 있거니와 공정식의 이 연작시집 『그리운 사람들…』에는 특히 시인 등 문예미학계에서 활동한 사연을 중심으로 그 인품과 인물 특성에 대해 서술 묘파한 사계의 선두주자다.

자고로 인물시란 그 주된 캐릭터가 개인사적(個人私的)이여서 지나친 과장이나 허구가 용납될 수 없는 공평무사한 인물평이어야 한다. 이러한 곡필을 미연에 방어하기 좋은 선필이 바로 중국의 근대미학가 공자진(龔自珍, 1792~1841)으로 그가 펴낸 『정암문집』에는 시사(詩詞) 800여 편, 산문 300여 편이 실렸는데 그중에 동심설(童心說)과 유정설(有情說)에 보이는 인물평설의 요체를 '사(私)' 에 둔 인간에 대한 본성 · 본질 연구는 귀기울일만한 설문(說文)이기로 나

는 이 평설글에 토대코자 한다.

이른바 공자진(龔自珍)의 동심설(童心說)은 철학적이며 윤리학적인 문예 심리학으로 공자진이 평생을 동심(童心)을 잃지 않고 산문예 미학자인데, 동심은 인간의 순수 진심이며, 사(私)란 그런 진심이 잘 통하는 인간 본성이라 주장하였다. 그는 『논사(論私)』라는 글에서,

> 짐승들은 서로 어울리면 곧바로 사귄다. 어찌 사사롭다 하겠는가? 어느 것이든 서로 멀고 가까운지 한 번 보아도 별다른 차이가 없다. (…) 아내와 자식도 모르는데 어찌 친구간이 있겠는가? 그러나 사람은 달라서 누구는 알고 누구는 두텁고 하는 기질상의 마땅함이 있을 것이다. 그래서 서로 왕래하고 교제하거나 편안히 노닐면서 서로 돕기도 하고 서로 끌어들여 다정하게 성의를 보이거나 가족끼리 화목하게 지내는 일이 생기게 되는 것이다.
>
> — 공자진, 『논사(論私)』 중에서

그리고 그는 인간의 본성이란 선(善)도 아니고 악(惡)도 아닌데 이는 동심(童心)이 바로 그렇다고 하여, 자신이 69세에도 동심은 아직 소멸되지 않았다(六九童心尙未消-「要中四截句」)고 노래하고 있을 정도이다.

이러한 공자진(龔自珍)의 천부적인 인간 본성의 순수 동심설(童心說)은 그 뒤 많은 동양 문예미학가들 창작에도 영향을 미쳐오거니와 우리 공정식 연작 송가(連作頌歌)에는 우선 그와 불가분의 인연으로 맺어진 일가친척 분들에 대한 송시(頌詩)부터 살펴보기로 하겠다.

여기에는 「그리운 사람들 45-류락형 사돈님께」란 제하(題下)에 쓴 송가(頌歌)이다.

> 쓴물, 단물, 짠물. 격동의 시대(時代)
> 민주시민(民主市民) 재산보호(財産保護)를 위해

불사른 50년의 세월
포근히도 따뜻하신 사돈어른…

그렇게도 고뇌를 짜던 그 마음 위에
나라 위해 지워지지 않은 절박한 시대(時代)
세상(世上)을 달관(達觀)하신 지난날의 회한(悔恨)을
이 글 속에 담아 봅니다.

존경하시는 사돈어른!
언제나 스스로 가슴 낮추시고
추슬러온 보람찬 삶이었습니까?

찬란한 햇살과 꿈
몸부림치던 지난 그날들의 이상(理想)의 포부
굽이마다 아직도 늘 푸른 그 마음
천년(千年)보다 깊으신 의지(意志) 묻어둔 채
망중유한(忙中有閑) 즐기면서 잠잠한 대지(大地) 위에
새로운 인생(人生)을 키우는 소식에
까맣게 뒤척이는 한밤이 그립습니다.

사돈어른님!
그 옛날 서울 문학상 수상하던 밤
소중한 꽃다발 주신 그 정성
가슴 가슴이 시리고 그리운 사돈어른 그리움이었습니다.
내면(內面)의 진실(眞實)과 삶의 보람으로
얼굴을 가려야 함을 저의 마음
언제나 마음밖에 떠나 본 적 없습니다
진정 그립습니다.
사분님과 같이 건강을 빌면서
이 시(詩)를 올립니다.

—「그리운 사람들 45(류락형 사돈님께)」 전문

인용시에는 시로써 사돈어른(류락형)께 향한 그분의 후의에 보답하는 송축 사연이 짙게 배어 있다. 시인과 시인의 사돈어른과의 서울문학상 수상에 따른 축의의 마음이 존중하는 뜻으로 가득 차고 넘치는 것이다. 이 같은 심존(心尊)이란 그 마음을 존중해야 한다는 뜻으로 그렇게 하면 곧 그 감관을 존중한다는 것이 된다. 이는 그 사람의 개성을 존중하는 것으로 이 결과 사회발전을 가져오는 것이기 때문에 아마도 온갖 행사에는 버릇처럼 화환과 꽃다발이 넘치게도 되는 것이겠다. 공자진(龔自珍)은 이와 같은 존중하는 심존(心尊)이 결여된 사람을 일러 용렬한 사람이라 하여 커다란 환난을 함께 해결할 일을 만나도 도리에 어긋난 처신이라 손가락질 당하기 쉽다고 경계하고 있다. 아니 그보다는 그의 동심설에 역설하고 있듯 인간은 자신처럼이라듯 환갑 나이에도 순진무구한 동심(童心)을 잃지 않도록, 여기 공정식의 순수 시정신이 꽃피우고 있는 송시가(頌詩歌)를 읊는 심존(心尊) 자세를 가다듬어 보는 바, 이 같은 인륜의 심존 사연을 읊은 송시 대상(對愛)은 다음과 같이 연맹해볼 수 있겠다. 「그리운 사람들 83-이모님 쾌유를 빌면서」, 「그리운 사람들 88-서예가 정재근 사돈어른께」 「그리운 사람들 100-하만균 사돈어른께」, 「그리운 사람들 104-정속남 숙모님께」 「그리운 사람들 105-불러본 형님이여! 종대 형님 영전」이 보이는데,

떠나신 영혼 앞에
소소영영 빌면서
가슴에 형님 영혼 쓸어 안고
혼자 사는 움막으로 왔습니다 형님!

—「그리운 사람들 105(불러본 형님이여! 종대 형님 영전)」 일부

인용시 후말행에 "혼자 사는 움막"이란 표현은 다른 곳에도 보이는 시니피엥(기표)이지만 그 시니피에(기의)는 비바람이나 겨우 가리는

허술한 움집이 아니라 외양은 보통 사람들 집채가 아닌 바에도 그 속은 공정식 시인이 도예(공예) 작품도 제작할 수 있는 공간이 엄존하는 작업실을 말한다. 이어지는 송시는 「그리운 사람들 106-판출 큰 형님께」로 "형님 그리고 형수님./ 혹시나 지나치시면/ 꼭 이 황톳길 따라/ 싹 틔울 그— 따뜻한 정(情) 하나/ 꼭 가슴에 안아/ 이 움막 뜰에 심어 주시면 합니다.// 형님!/ 소주잔에 형님의 둥근 마음/ 동동 떠가는/ 그런 깊은 밤이/ 참으로 그립습니다." 애절 무비한 표현술의 절정 패러그래프도 독자 시선을 다잡아 끌고 있다. 이어서 —111에는 누이동생에게, —112에는 둥지를 떠나는 여식(女息)에게, —114에는 동생 귀남에게, —17 김문조 동생에게는 아름다운 겸손과 의리의 가슴을 가진 사람이라 그리워하는 사연을 수놓고 있다. 이 같은 공정식 인륜시의 동심설계 송가에는 인간의 동심은 우국(憂國) · 우민(憂民) · 사려심 · 염치심이 거의 자연 발생적으로 발심하는 것이여서 세속을 질타하고, 사회의 발전에 깊이 사려하고, 행동하는 바가 쑥밭에 쑥이 자생하는 것처럼 성숙하도록 인간은 그 주변 환경에 세심한 배려를 해줘야 한다고 문예심리학의 확산을 주장하는 주제가 뚜렷하다. 공정식의 문예심리학에 바탕한 동심설 주제의식은 이처럼 그 송가적 창작 의도가 심대하다 하겠다.

다음은 인문주의자들에 대한 공정식 송시 연작을 살피도록 하겠다. 이 부연에는 시인들에의 헌시가 다수를 이루고 있으니 경칭을 접고 시인 황선하 · 홍진기 · 하옥이 · 추창영 · 최광형 · 전문수 · 이우재 · 이우걸 · 이선관 · 이덕 · 이광석 · 윤제철 · 오하룡 · 오미리 · 성기조 · 손영자 · 설창수 · 신찬식 · 민병기 · 변승기 · 김천우 · 김지은 · 김정석 · 김종두 · 김병수 · 김교한 · 경철 · 강호인 · 강신형 · 강득송 · 서도가 연당 · 평론가 故 조연현 · 김우종 등 수십 명에 이르는 송시의 대향연이다. 이들 인문학의 꽃이랄 수 있는 시인들에 대한 각인각색의 그 인품과 품격(品格)의 짤막한 촌철살인의 평가라서 읽는 이의 관심이 쏠린다. 그중에도 「그리운 사람들 1」은 '말'을 다루는 우리 시인의 두 눈이 팍! 떠지는 송시로 눈에 든다.

고하(古河) 시인(詩人)
언젠가 버리고 갈 인생
남은 말 얼마나 될까
고하(古河)만이라도 푸르고 푸른 나뭇가지마다
수천만 가지마다 시(詩)를 매달아
이 나라에 하나밖에 없는 시인(詩人)이 되어 다오
아! 고하(古河)여!

—「그리운 사람들 1(고하(古河) 詩人께)」 일부

인용시 제3행 "남은 말 얼마나 될까"라는 말은 이 땅의 시인들뿐만 아니라 인간 모두에게 토해내는 시인의 여한인 듯 가슴을 때린다. 사실 따지고 보면 여기 공정식 시인이 하소연하듯 하는 한탄은 고하(古河) 시인을 포괄하는 모든 사람들에게 하는 한탄이다. 나름대로 좋은 시도 많이 쓴 한국의 시인들— 그러나 우리의 존경하는 공자진(龔自珍)의 세상을 향해 너그럽게 해야 할 시인의 유정설(宥情說)은, 이러한 시정신의 실천궁행은 그다지 많지가 않은 것도 사실이다. 이 유정설은 이 땅을 사랑하는 사람 모두를 사랑하고 이 땅에 사는 사람들 모두를 사랑하는 사람이어야 한다는 것인데, 시인의 시정신이 그래야 하고 그렇기도 한 시인의 작품이 있는가 하면 인간의 감정은 외물에 기인하므로 너그럽게 포용하지 않고 정에서 제거하는 것도 있게 마련이다. 그러니 "남은 말 얼마나 될까"란 질문이 아니라 공정식 유정설(宥情說)에 토대한 탄식에 다름 아니다. 공정식의 시정신은 이렇게 맑고 순결한 동심설(童心說)과 정감으로 욕망을 예속시킨다는 이정예욕(以情隸欲)의 감정을 부정하는 견해를 비판함으로써 인간의 감정을 존중하는 유정설을 적극 주장하는 것이다. 예에서 "언젠가 버리고 갈 인생/ 남은 말 얼마나 될까"란 탄식은 거듭 말해 공정식의 유정설에 입각한 시정신에 다름 아님을 재확인하게 된다. 이처럼 시인들의 시를 예술의 일반적 본성을 지닌 것으로 보고 그 개별적 본성을 시란 천지의 마음이라 갈파한 중국의 걸출한 문예비평가 유희재(劉熙載)의 지론을 따른다. 시는 하늘과 인간이 합쳐진 것으로 천리가 인간을 통해 구체화되고 그 속에 인간의 감정이 꿈틀거린다고 보는 것이다. 즉 이로써 인간은 예술 창작의 중심적인 위치를 차지하는 예술주체라는 것이다.

공정식의 시정신이 연작 송시에 감염된 인문주의자들 예술창작성이 따른 주체사상에 다름 아니다. 이제 그 세양(細樣)을 들여다보겠다.

야트막한 산기슭
아침 안개에 싸인 움막 황토길

당신과 하나가 되기에
기다림 속에 지친 적막이 흐르는 밤에도
고요히 접어본 당신의 향기…
세포마다 그리움이 시리도록 쓸어봅니다.

청아(淸雅)한 가슴에 피는 소리
성령(聖靈)으로 사뿐히 닫힌 그 마음 열어
우리 가슴을 포개본
그— 세월이 언제였습니까?

굳은 마음 얻은 그— 어느 날
한 그루의 득송(得松)과 시심(詩心)이었습니까?

우리의 만남의 아침은…
웃음으로 품어둔 시(詩) 같은 정의(正義)로운
하루가 시작이었습니다.

봉곳 내민 시심(詩心)속엔
반복도, 대립도, 아집도, 질투도,

허기진 욕망도 벗은 심성(心性)으로
달 뜨는 움막에서
이제는 평온히
세월이 지는 것을 바라보면서…

강사백(姜詞伯)!
바람소리 없는 움막에서
바람과 함께 무지개 뜨게 하고
성령의 소통으로 만난 우리는
시(詩) 한 편의 영혼에 벗어 던지고
시린 가슴 끌어안는 그리움으로…
강 시인이여! 하고…

—「그리운 사람들 2(詩人 강득송 님께)」 전문

예시는 공정식 시인이 강득송 시인과 공정식 시인의 만남을 청아한 가슴에 피는 소리, 즉 시와 성령으로 가슴을 열어 가슴끼리 포개본 메타포어의 미학으로 승화시킨 아름다운 시다. 시란 마음의 소리란 명언을 차용해 만남의 미학을 형상화한 명품의 완성을 본다. 강득송이라는 강 시인의 성명에 마치 청아한 두 시인의 성령이라도 깃든 듯한 예시의 아우라(Aura)는 독자의 주목을 받아 마땅할 것이다. 이로써 우리는 공정식의 인문주의자의 예술성과 그 향긋한 문학서의 교합이 얼마나 독자의 가슴을 치는 인문(人文)의 아름다움인가를 납득하기에 이를 것이다. 인문정신은 이다지 아름답기에 우리는 시에 감동하고 소설에 탄복하는 예술 감흥에 젖을 수 있는 것이다.

3 · 15 4 · 19가 오면
변승기 시인(詩人)의 목소리 들립니다.

낙동강에서 한강으로
무학산에서
삼각산에서 백두대간까지
그— 모질고 독(毒)한 한 시대(時代)
증인이요, 정의로운 시인 변승기 선생님.
민주시민(民主市民)으로 신념(信念)과 인고(忍苦)의 세월에
오늘도 불인정시(不忍正視)의 필봉(筆鋒) 끊임없이
당당한 민주시민(民主市民) 변승기 선생님이었습니다.

시인(詩人) 변승기 선생님!
당신의 장엄하고
엄숙한 비상의 꿈 펼쳐야 할…
지난날의 피와 땀으로
얼룩진 님의 육신의 자취였으며
영혼의 푸르고 푸른
그— 고귀한 역사의 아픔이었습니다.

시인(詩人) 변승기 선생님!
대인(大人)의 영롱한 가슴의 피는
배달민족(倍達民族)의 후예였기 때문입니까?

자유(自由)와 평화(平和)와 민주주의(民主主義) 위해
젊은 날의 기상
수호신의 명령을 위해
초의식(超意識)을 가르치는 시인(詩人)이었기 때문입니다.

시인(詩人) 변승기 선생님!
지략(智略)도 낙천(樂天)이라 하시니
뿌리 깊은 청송(靑松)의 가지 뻗어…

봄이 오면 3 · 15이요
봄이 가면 4 · 19라
상기하자 영원한 역사의 깃발이여!

— 「그리운 사람들 41(詩人 변승기 선생님께)」 전문

예시는 시인으로서의 '변승기 민주투사'를 존숭하는 일종의 정치격시처럼 보이지만 실은 '변승기'라는 존경의 인간상을 가슴 떨리게 묘파하고 있다. 많은 역작의 시인이 아니면 손댈 수 없는 인물시 창작자로서의 공정식 시인은 이 연작 송시집의 다양한 창작 패턴 중의 하나를 나는 이제 여기 밝히는 바이지만 그는 3연이나 4연에 이르면 필히 예시 제4연 제3행처럼 "배달민족(倍達民族)의 후예였기 때문입니까?" 식으로 반어법을 구사하고 있다는 사실이다. '?'가 없는 평서 긍정문으로 하면 강세가 없고 평범해지는 까닭이다. 나는 '변승기 시인'을 전혀 알지 못하지만 이 평설글 이쯤에서 변승기 시인을 알게 되었거니와 공정식의 인물시가 이렇게 정격(定格)을 확보하리라고는 알지 못하였다. 어쨌든 인물시란 등장하는 그 캐릭터의 인품과 기질을 잘 융합하여 하나의 예술품으로까지 승화시켜야 완성된다고 했을 때 그것은 사물의 외부에 있는 것(在外者), 즉 사물의 객관적 사실이며 나에게 있는 바(在我者)는 작가의 주관적 사실인데 이 양자 간의 관계를 우리는 대립과 통일의 관계로 '서로 비비지고 동탕거려 간격이 없이 융화되어야만 비로소 예술작품이 창작된다.'고 하겠다.

말은
눈썹으로 하고
홀연히 눈으로 미소 짓고

봉숭아 빛깔 같은
고운 얼굴

살결은 하얗고 뽀얗고

시상(詩想)은 해맑고
환상의 꿈으로 엮은
자유(自由) 그리고 평화(平和)로운
오직 영혼의 내면(內面)세계였습니다

낡은 소쿠리에 담아
세월 속에서
시(詩)세계를 위해 고해성사를 합니까?
손 선생님…!

선생님!
님의 시(詩)는 늘 한가롭고
여유 있는 시간과 면상을 보는 듯했습니다.

—「그리운 사람들 54(손영자 詩人님께)」 일부

예시의 1~2연은 인물시 외면 묘사의 절창이다. 그리고 그 뒤의 중후반의 재외아자(在外我者) 주관 묘사는 형이상학시 성향의 존재론적 내면 표상화의 절창에 이르렀다 하겠다. 공정식 인물시집 『그리운 사람들…』(2017. 11. 도서출판 천우 刊) 수록 연작 송시들 중에 베스트 10에 오를 텍스트로 꼽을 만하다. 그리고 다음 인문주의자들 연작 송시군(群)에 이어 이번에는 예술가들과 보통사람들에 대한 송시군(群)을 살피는 것으로 척박하게나마 이 평설글의 종지에 이를까 한다. 지면 사정으로 한두 분만을 거론하고자 한다. 행두 번호는 평설용이다.

①

김 화백(畵伯)! 물욕도 탐욕도 비굴함도 없는
당당하고 늠름하고 웃음과 해학
참으로 어울리는 예술가의 기절
잠잠히 떠오르는 그리움이었습니다

우리의 만남이 어언 반세기
인생 삶의 대화가 얼마나 넘나들고
못다 한 시름으로 살아온 세월만큼
오늘 이렇게 이순(耳順)의 그 얼굴
아득히 떠오르는 당신의 마음이었습니다.

김 화백(畵伯)! 이제 황량한 겨울 노을에 걸려
비바람 눈보라에 텅텅 빈 가슴 한쪽엔
당신의 마음 담아
세상사를 풀다가 감아다가…
당신의 그 열정
먼— 훗날 영원히 남을 명작이 되소서—

—「그리운 사람들 25(화가 김영주 선생께)」 일부

②

오월(五月)은 계절답게
깊은 산(山)골 아카시아꽃 향기
진한 유정(有情)의 잔잔한 미소며
촉촉이 배인 정(情)이었습니다.

저 먼 오월의 푸른 하늘
언제 어느 때

탐스럽고 영롱한 그날 오려나
빛바랜 옛 사진 한 장
하얀 모시 입은
단아한 모습에 흐르는 정감
흰구름 속에 손짓하는 천사같이
오늘따라 더더욱
텅 빈 영혼을 채웁니다.

—「그리운 사람들 47(유정(有情)에게)」 일부

예시 ①은 예술가 분야 송시분(頌詩分)이고 예시 ②는 보통 사람들 분야 공정식 연작 송시집 평설 분야로 살펴 이제 이 시집 전체 수록 시 종지거론 순서에 이르렀다.

여기까지 공정식 연작시 송시집『그리운 사람들…』총체적 평설 논지에 걸맞추어 위 예시 ①은 시인 등 인문주의자들을 위한 공정식의 송시와 인륜시를 제외한 예술인으로 화가 몇 분 중에 한 분을 거론하고 있는 바, 먼저 살핀 인문주의자들 송시 작법 패턴과 크게 다름이 없다 하겠고, ②는 보통 사람들로 평설자가 자의적인 선택으로 뽑아 본 작품(頌詩作品)인데 또한 크게 거론할 요인은 없고 한 편의 인물 시로서 아름다운 정서적 아우라(Aura)가 짙게 배어나는 연시풍의 송시라 하겠다.

이제 이 땅에서는 시집 한 권이나 되는 인물시집의 출현이 희소한 정황에 이번 '공정식 연작 송시집' 의 발현은 문단적으로나 우리 100년사를 훌쩍 넘은 현대시사상 쌍수를 들어 높이 상찬할 경사이며, 공정식 시인 개인사적인 축하 만당한 경사이다. 책이 나와 서부 경남 천지가 아니 대한민국 천지에 공정식 '시란 하늘과 인간이 합쳐진 천지의 마음' 이라는 명제와 같이 그의 이 연작 송시집도 하늘과 땅에 가득 찰 강대한 성취가 도래하기를 기대하는 바이다.

문학세계대표작가선 827

그리운 사람들…

공정식 시집

인쇄 1판 1쇄 2017년 11월 10일
발행 1판 1쇄 2017년 11월 17일

지 은 이 : 공정식
펴 낸 이 : 김천우
펴 낸 곳 : 도서출판 천우
등 록 : 1992. 2. 15. 제1-1307호
주 소 : 서울시 성동구 무학봉28길 6 금용빌딩 2F
전 화 : 02)2298-7661
팩 스 : 02)2298-7665
http://moonhak.wla.or.kr
E-mail : chunwo@hanmail.net

값 15,000원

*** 이 책은 월간 문학세계 출판부/도서출판 천우의 지원을 받아 제작되었습니다.**

ISBN 978-89-7954-688-0

이 도서의 국립중앙도서관 출판예정도서목록(CIP)은 서지정보유통지원시스템 홈페이지(http://seoji.nl.go.kr)와 국가자료공동목록시스템(http://www.nl.go.kr/kolisnet)에서 이용하실 수 있습니다. (CIP제어번호: CIP2017028950)